Karl Julius Schröer

Die Aufführung des ganzen Faust auf dem Wiener Hofburgtheater,

nach dem ersten Eindruck besprochen

Karl Julius Schröer

Die Aufführung des ganzen Faust auf dem Wiener Hofburgtheater,
nach dem ersten Eindruck besprochen

ISBN/EAN: 9783744707596

Hergestellt in Europa, USA, Kanada, Australien, Japan

Cover: Foto ©ninafisch / pixelio.de

Weitere Bücher finden Sie auf **www.hansebooks.com**

Die

Aufführung des ganzen Faust

auf dem

Wiener Hofburgtheater.

Nach dem ersten Eindruck

besprochen

von

Karl Julius Schröer.

Heilbronn,
Verlag von Gebr. Henninger.
1883.

Vorwort.

Seit Monaten hörten wir von den sorgfältigsten ununterbrochenen Proben und Vorbereitungen des Burgtheaters zu den Aufführungen des ganzen Faust. Was dabei natürlich das Hauptaugenmerk der Bühnenleitung, sowie unserer Theilnahme bildete, war die Darstellung des zweiten Theils. — Zwar wies man hin auf bereits gelungene Aufführungen in Hamburg, Berlin, Weimar, Frankfurt, Mannheim u. s. w. Der Erfolg einer gelungenen Bühnendarstellung pflegt aber sonst ein anderer zu sein, als er sich nach den genannten Versuchen herausstellte. Ein mit durchschlagendem Erfolg gegebenes Stück geht sonst wie eine frohe Botschaft von Bühne zu Bühne und jeder Gebildete will es sehn, muß es gesehn haben. Bei Faust war es nicht so. Die Ausstattung erschwert den Bühnen die Nachahmung und die Kritik ist dem Faust im Ganzen nicht günstig. Ich muß auch bekennen, daß ich von einem Verlangen, den zweiten Theil des Faust auf der Bühne zu sehn, beim großen Publikum nicht viel wahrzunehmen im Stande war. Trotz jener gelungenen Versuche! In einem Vortrage über **Aufführung des ganzen Faust**, den ich den 9. December vor. J. im Wiener Goetheverein hielt,*) erlaubte ich mir trotzdem zu sagen: daß wir freudig gespannt sein dürften auf die für Jenner d. J. bevorstehende Wiener Aufführung. Die gegenwärtige Leitung des Burgtheaters gestatte uns, Bedeutendes zu erwarten. Die zielbewußte Vorbereitung, bei reichen Mitteln, ließe uns hoffen, einen Faust zu erleben, der bleibend der Bühne gewonnen wird. So wohlwollend eine zahlreiche Zuhörerschaft mir auch zuhörte, so schien es mir doch, als ob selbst in diesem Kreise damit alle Zweifel nicht beseitigt wären. — Die Uebungen im Burgtheater nahmen ihren Fortgang den ganzen Monat hindurch, und wenn man davon sprach, so erschien Wilbrandt in einem geradezu heroischen Lichte, wie Einer, der nicht umhin kann, ein phantastisches Abenteuer zu bestehn, bei dem es heißt: siegen oder sterben! bei dem aber ein Sieg kaum denkbar ist. Wenig erfuhr die Oeffentlichkeit von dem geheimnißvollen Treiben in „der alten Burg".

---

*) Ohne mein Vorwissen erschien derselbe, von Druckfehlern sehr entstellt, in den Didaskalien, Unterhaltungsblatt des Frankfurter Journals, vom 22. bis 28. December 1882. Ich wiederhole einige Gedanken daraus in dem Folgenden, ohne darauf ausdrücklich zu verweisen.

Das Wenige, das hin und wieder verlautete, waren entschlossene Anordnungen Wilbrandts, der offenbar mit Todesverachtung dem Verhängniß entgegenging! Sind wir ja doch seit Generationen belehrt, daß dieser zweite Theil ein Erzeugniß des Unvermögens eines Greises ist! Was kann da herauskommen? Es ist keine Oper, kein Trauerspiel, kein Schauspiel, kein Lustspiel! Hat keine Handlung! — Schöne Bilder lassen sich wohl zusammenstellen, die Ausstattung vermag viel; wer mag aber fünf Stunden lang dergleichen schöne Bilder sehn? Versteht man sie nicht, so müssen sie langweilen; sucht man aber in das Verständniß einzudringen, so muß einen die Anstrengung erschöpfen! —

Wenn die große Dichtung mit so mächtigen Vorurtheilen zu kämpfen hat, so muß man nur gestehn: zu wundern haben wir uns eigentlich über diese Thatsache nicht. War das Publikum beim Erscheinen des ersten und dann des zweiten Theils verblüfft, so lag die Schuld zunächst nicht am Publikum, sondern allerdings doch an der Dichtung und nicht allein an der Tiefe der Gedanken, die freilich auch in Frage kommt. Jeder der beiden Theile ist für sich entstanden, weder der eine noch der andere ist im Ganzen und Einzelnen vollendet und abschließend redigirt. Da fehlen Uebergänge, finden sich Widersprüche, die uns plötzlich aufstoßen, wenn wir gerade der herrlichen Dichtung in schönem Flusse gefolgt sind! — Dies sind Mängel, die man nur begreift, wenn man der Entstehungsgeschichte des Werkes nachgeht, d. h. man begreift sie dann, beseitigt werden sie damit ja nicht.

Finden sich nun solche Mängel bereits im ersten Theile, so ist dies noch weit mehr der Fall im zweiten. Im ersten Theile erscheinen doch zwei große Dichtergebilde, jedes für sich wie aus Einem Stück. Zuerst ergießt sich der Faustische Titanismus wie ein Bergstrom, so wahr, so natürlich, so erschütternd! und dann folgt die Gretchentragödie, ein Kunstwerk, von einer Vollendung, daß ihr eigentlich im weiten Reiche der Weltliteratur kaum etwas Aehnliches an die Seite gestellt werden kann. So mächtig in Einem hingeströmt, so einfach in seinen Motiven ist freilich der zweite Theil nicht. —

Sowie der Fauststoff in Goethes Auffassung von Anfang an eine Parallelstellung annimmt zur Zeitbewegung, zumal zur Entwicklungsgeschichte Deutschlands, indem er Faust als Helden des Idealismus erscheinen läßt, der sich dem Bösen gegenüber behauptet, so mußte diese Dichtung, wie sie sich im Verlaufe eines langen Lebens ausgestaltete, die ganze Geschichte, die Goethe mitlebte, abspiegeln. Das könnte eigentlich gegen die Dichtung einnehmen. Bei alledem erweist sich aber das Werk, bei näherer Betrachtung, als ein echtes Dichterwerk, nicht gemacht, sondern geworden, nicht aus der Reflexion hervorgegangen, sondern überall aus der Anschauung, eine immer noch naive Schöpfung. Dies tritt um so imposanter hervor bei der hohen Cultur, deren sich der Dichter doch allmählich bemächtigt hat. Der große Stil Goethes liegt ja in dem Gleichgewicht von Cultur und Natur. Der Dichter ist im höchsten Alter noch wesentlich derselbe, wie in seiner Jugend. Nur schwer geworden scheint zuweilen sein Flug, aber schwer von Reichthum, wie der Flug einer mit Honig und Blumenmehl schwer beladenen Biene. Bei der aus alledem hervorgehnden Beschaffenheit der Dichtung, die, mit ihrem unermeßlich reichen Gehalt, unausgearbeitet im Einzelnen, von unübersehbarem Umfang im Ganzen ist, bietet die Einrichtung für die Bühne ganz außerordentliche Schwierigkeiten. Ich will nur gleich bemerken, daß die Wiener Darstellung des zweiten Theils den außerordentlichsten Erfolg hatte! Man erzählte von Besuchern, die aus frivoler Neugierde hineingegangen waren: sie wurden überrascht, mächtig bewegt, hielten aus mit ungeschwächtem Antheil bis zuletzt und bewährten damit die Voraussagung des Dichters: daß selbst d i e Zuschauer, die in die tiefere Bedeutung nicht eindringen, an den Bildern sich erfreuen würden. Sich erfreuen steht hier bescheiden für sich erhoben fühlen. — Es ging eine ganz eigene Erhebung von dem Abend aus. Ernste hochgebildete Männer und Frauen fühlten sich in den folgenden Tagen noch wie wonnetrunken und bemerkten, daß ihnen Aergernisse des täglichen Lebens, die sie sonst aufgebracht hätten, gar nicht nahe kommen konnten. Eine ähnliche Stimmung scheint übrigens auch schon die Frankfurter Aufführung des zweiten Theiles den 29. August 1882 hervorgebracht zu haben, wie mir aus einem

begeisterten Bericht in der Frankfurter Zeitung in
Erinnerung geblieben ist und von einem ähnlichen
Erfolg des zweiten Theils, bei wiederholten Auf=
führungen in Weimar vernahm man gleichfalls. —
Es ist nur merkwürdig, wie verdrossen und ablehnend
ein Theil der Kritik sich noch immer gegen die Auf=
führung verhält. Faust hat von Anfang an das
Geschick, daß ihm die Kritik nicht günstig ist; der
Beifall des Publikums muß ihn dagegen in Schutz
nehmen. — Aus diesem Umstande erklärt sich das
langsame Umsichgreifen einzelner Erfolge. Interessant
war, was sich in der Gesellschaft abspielte, zwischen
der ersten und zweiten Aufführung der Trilogie und
was, noch immer fortwirkend zu beobachten ist. Es
erinnert an den Kampf der guten und bösen Geister
an Fausts Grabe um seine Seele! — Ich meine, der
Streit, der sich nun erhob zwischen denen, die die
erste Aufführung gesehn, und denen, die sie noch
nicht gesehn. Die Ersteren waren der großen Mehr=
zahl nach entzückt; klar freilich über die letzten Gründe
des Eindrucks nur die Wenigsten. Sie hatten daher
einen schweren Stand gegen den Unglauben der An=
deren, die mit dem ganzen Rüstzeug der hergebrachten
Einwendungen gegen den zweiten Theil ihnen ent=
gegentraten. — Da haben denn nicht viele die Kraft
des Temperaments zu sagen: ob es ein Drama sei
oder nicht, weiß ich nicht, ich weiß nur, daß es mich
entzückt und beglückt hat! — Die warmen Aeuße=
rungen des Beifalls, die Herzenslaute inniger Em=
pfindung, die die Darstellung hervorgerufen, scheinen

mir aber schwerer zu wiegen, als alle Kritik. Sie bezeugten ein Verständniß des Herzens, das das volle Verständniß des Geistes mit der Zeit nach sich ziehen wird. Man konnte wohl erkennen, daß die erregte Empfindung durchaus nicht frivoler Art war, daß sie vielmehr in die Tiefen der Seelen drang und daher das Verlangen nach vollem Verständniß weckte. An diesem Faden wird Fausts Himmelfahrt am Schluß in den Geistern der Menschen allmählich den ganzen Gehalt der kolossalen Dichtung nach sich ziehn, wenn auch erst nach Jahren. —

Es fällt mir hier eine Schilderung von Goethes Wesen ein, aus der Feder von Stephan Schütze, der ihn in den Abendgesellschaften der Schopenhauer kennen gelernt. „Man konnte ihm stundenlang zu= hören," schreibt Schütze von Goethe, „und die ganze übrige Gesellschaft darüber vergessen. Die Ruhe, die Klarheit, mit der er schilderte, flößte ein heiteres Wohlgefallen am Leben ein, wodurch das Herz von einer schönern Welt Besitz nahm. Man erkannte daraus das Ziel der Goetheschen Muse: das Leben in ein Paradies zu verwandeln." — Eben das, was er vom Dichter fordert: das Aufregende, Tüchtige, das Menschengeschick Bezwingende — das bietet uns der zweite Theil des Faust wie keine zweite Dich= tung! —

Ueber eine solche Dichtung, die so Wenige kennen, ist es sehr leicht, eine Menge vorzubringen, ohne auf Widerspruch zu stoßen. Man erwäge nur, was dazu erforderlich ist, nur bis zur stofflichen Be=

herrschung des Ganzen zu gelangen. Daß es aber
mit der gelehrten Arbeit allein nicht gethan ist, daß
außerdem noch nachschaffende Geisteskräfte den Leser
tragen müssen, ist wohl begreiflich. Und doch glaubt
jeder darüber aburtheilen zu können. Besonders der
Stoff zum Tadel ist leicht gefunden und findet leicht
Eingang, weil die meisten über die Schwierigkeiten
verdrießlich sind, die sich dem Verständniß bieten. Ich
finde den Tadel nur geschmacklos, wenn er uns nicht
fördert in der Einsicht in die Dichtung, wenn er nicht
aus gründlichem Eindringen in dieselbe hervorgegangen
ist und daher auch nicht fruchtbar werden kann, wie
denn das so häufig der Fall ist. —

Man wird begreifen, daß ich, bei meinen viel=
jährigen Faustsudien, gegenüber solchen Beobach=
tungen bei Gelegenheit der Wiener Aufführung der
Trilogie mich angeregt fühlen mußte, darüber zu
berichten. Und zwar, sowohl um den großen Erfolg
zu bezeugen, als auch um einige Einzelheiten, die
mir denselben noch zu beeinträchtigen schienen, zur
Sprache zu bringen und der Erwägung zu empfehlen.
Der Bericht steht in Westermanns Monatsheften.
Dort war ich nur auf allzu kleinen Raum beschränkt,
so daß ich befürchten muß, nicht deutlich genug nach
beiden Seiten hin mich ausgesprochen zu haben. —
Dies veranlaßt mich eigentlich zu dem Gegen=
wärtigen.

Wenn ich in demselben zuweilen ins Commentiren
der Dichtung selbst hineinkam, z. B. Seite 46, so
leitete mich dabei der Wunsch, dem Bedürfnisse Vieler

entgegen zu kommen, wie mir dies während und nach
der Vorstellung gesprächsweise vor Augen getreten ist.
Ich verkenne nicht, daß es manchmal als Wieder=
holung von bereits anderwärts Gesagtem abgebraucht
erscheinen könnte; ich denke aber auch, daß mancher
Leser diesen flüchtigen Bericht lesen dürfte, der nach
einem Commentar zu greifen noch nie Zeit gefunden.
Es ist dies durchaus nichts Erschöpfendes und soll
es nicht sein. Nach einmaligem Ansehn der Trilogie
ist eine gründliche Besprechung nicht möglich. Ich
berühre im Wesentlichen denn auch nur die Punkte,
die mich zu einer Bemerkung veranlassen.

In beiden angedeuteten Richtungen — der Be=
zeugung des Erfolgs, wie der Bezeichnung von
Einzelheiten, die ihn mir noch zu beeinträchtigen
schienen — habe ich nur Eines im Auge: auf die
Seite derjenigen zu treten, die sich über das Unter=
nehmen unbefangen freuen und die große Bedeutung
zuzugestehn nicht anstehn, die der Erfolg desselben
hat. Es ist ein Unternehmen von solcher Tragweite,
daß es Jeder an seinem Orte, sobald er es er=
kannt, nach Kräften zu tragen und zu halten bestrebt
sein muß.

Vielleicht hat mein Wunsch einiges Anrecht auf
Erfüllung, wenn ich sage: möge die Zeit nicht ferne
sein, in der als Prüfstein und höchster Ruhm einer
jeden großen Bühne gelten wird: eine gelungene
Darstellung des ganzen Faust! —

Zu einem so ruhmvollen Erfolge der Dichtung
hat uns die Wiener Aufführung Muth gemacht. Sie

hat ein glänzendes Beispiel gegeben, das hoffentlich nicht ohne Nachfolge bleiben wird.

Durch verschiedene nicht von mir abhängige Umstände ist der Druck verzögert worden, so daß der Bericht nun fast verspätet erscheint. Dies beklage ich um so mehr, als er ja keine höhern Ansprüche erheben soll als die eines augenblicklich niedergeschriebenen Eindrucks.

Wien, Jenner 1883.

Die Aufführungen des ganzen Faust auf dem Wiener Hofburgtheater, die im Januar d. J. stattfanden, sind gewiß ein Ereigniß von großer Bedeutung. — Welche Geschichte hat doch dieser Faust in seinem Verhältniß zur Bühne! — Schon der langerwartete erste Theil hat, nach seinem endlichen Erscheinen (1808), noch zwanzig Jahre gebraucht, bis er sich in Deutschland die Bühne eroberte. Engländer und Franzosen waren uns mit Aufführungen schon vorausgegangen (1825 und 1828), und Deutschland zweifelte noch immer, ob das Stück aufführbar sei? bis die Aufführungen zu Braunschweig, Weimar, Dresden, Leipzig (1829) alle Bedenken niederwarfen. —

Nun aber handelt es sich um den zweiten Theil. Kurz vor dem letzten Geburtstag, den er erlebte, soll ihn der Dichter abgeschlossen haben. Die Hauptmasse des kolossalen Werkes ist in seinen letzten Lebensjahren niedergeschrieben. Stückweise entstanden, war es zu einem fast unübersehbaren Umfange angewachsen und, da die Hauptpartien, jede einzeln für sich, ausgearbeitet waren, abgeschlossen d. h. eingesiegelt worden. Das Ganze durchzuarbeiten, ja auch nur zu überlesen, schien dem Dichter nicht mehr rathsam. Erst nachdem er die Augen geschlossen, erschien das gewaltige Brouillon im Druck. — Es war keine Dichtung für flüchtige Leser, auch den ernstern schien sie große Schwierigkeiten zu bieten. Aber vergebens suchte burschikoser Jugendmuth darüber hinaus zu kommen, indem er sie als ein Erzeugniß nachlassender Schöpfungskraft abthun wollte. Die Dichtung bewährte große Widerstandskraft gegen den Versuch, sie der Vergessenheit zuzuweisen. Dies zeigt die reiche Literatur, die sich mit ihr beschäftigte. Das Ganze und Einzelne wurde klarer und klarer. Man besann sich auf Gespräche Goethes mit Eckermann, aus denen hervorging, daß er von Anfang an an die Aufführung gedacht, daß alles mit Hinblick auf die Bühne concipirt ist. Man entdeckte, daß auch hier der Dichter nicht von der Reflexion, sondern überall von der Anschauung ausging, daß auch dieses Werk ein Gewordenes nicht ein Gemachtes ist, daß es endlich unmittelbar Goethes Natur ausspricht und dabei seine Zeit abspiegelt. Die schönen Einzelheiten leuchteten immer heller hervor und erhellten das Ganze, so daß denn endlich von 1849 an Aufführungsversuche gemacht wurden in Dresden, Hamburg, Berlin, Weimar, Frankfurt, Mannheim u. s. f. u. s. f. zum Theil mit so glücklichem Erfolg, daß denn auch die Wiener Hofburg nicht länger zurückbleiben konnte. Ihre reichen Mittel, ihre darstellenden Künstler unter der Leitung eines begabten Dichters von hoher Bildung, Alles gestattete die Annahme, daß die Wiener Aufführungen ein bedeutendes Wort mitsprechen werden in der großen Frage: ob der zweite Theil von Goethes Faust bleibend für die Bühne zu gewinnen ist? —

Welchen Glanz mußte ein entschiedener Erfolg auf die letzten Lebensjahre des Dichters zurückwerfen! Wie mußte er dadurch seinem Volke näher gebracht werden! Das Werk, das ein halbes Jahrhundert wie todt lag für die große Mehrzahl, das selbst hochgebildeten Menschen in der Lecture ungenießbar schien, konnte mit Einem Schlage, an Einem Abend hunderten aufleuchten und vor ihrem Geiste, ein unverlierbarer Gewinn, lebendig werden! — Ich bin leider nicht in der Lage, andere Aufführungen vergleichen zu können. Soviel mir aber aus Berichten bekannt ist, so ist ein solcher Erfolg schon an verschiedenen Orten erreicht worden, namentlich in Weimar und Frankfurt.

Wenn zu einem solchen Erfolg nun auch noch das geeignete Publikum zu wünschen ist, so kann man sich bekanntlich kein besseres denken, als dasjenige, das sich das Burgtheater herangezogen. Feinsinnig, wohlwollend, taktvoll und unbefangen.

1*

Der Andrang war kolossal und schien bei einer viermaligen Wiederholung der drei Abende, die einen Cyclus bildeten, nicht abzunehmen. — Es galt für einen Glücksfall, wenn man Platz bekam!

Der Erfolg war ein großer, ein ganz eigenartiger.

Drei Abende hindurch war das Publikum fortdauernd emporgehalten von einer Stimmung zwischen Andacht und Entzücken. So war mindestens der Eindruck, den das Haus machte. Eine solche Anziehung und dauernde Erhebung — mindestens bei dem edelsten und empfänglichsten Theil der Zuhörerschaft — hat vielleicht noch keine andere Dichtung erzielt, wenn nicht vielleicht in alter Zeit einmal homerische Aoiden. Man fühlte **die einzige Größe des Gegenstandes**, der doch nichts anderes ist, als der Kampf und Sieg einer idealen Natur über das Gemeine, des Idealismus über die Macht der Hölle. — Wie viel von der Bühne aus geleistet wurde, um diesen Eindruck rein hervorzubringen, das kann man gar nicht genug preisen! —

Obwohl durch jahrelange Beschäftigung mit der Dichtung auf das Innigste vertraut, erschienen mir doch diesmal ihre bekanntesten Theile selbst wie neu. Wenn sich mir Bemerkungen aufdrängten, die sich gegen Einzelheiten der Darstellung richten, Nebensachen, so wird man es ihnen hoffentlich ansehn, daß sie sachlicher Natur und in einer dem Unternehmen zugeneigten Gesinnung niedergeschrieben sind.

Der Bühnenerfolg des ganzen Faust ist eine so

Der Erfolg der Wiener Aufführung.

wichtige und erfreuliche Thatsache, daß sie nicht nachträglich durch morosen Tadel herabgesetzt werden soll. — Es ist Pflicht, das Unternehmen zu halten und zu tragen aus allen Kräften, denn die Ueberzeugung konnten wir gewinnen: die Höhepunkte der Dichtung haben gewirkt, auch wenn sie nicht mit vollem Verständniß aufgenommen wurden — wie Goethe das vorausgesehn. Wiederholte Aufführungen werden die Dichtung dem Verständniß immer deutlicher vor Augen treten lassen. Das Verständniß des Herzens wird das des Geistes nach sich ziehen, das Verständniß der Hauptmomente das des Einzelnen. Dieser Erfolg soll dem Burgtheater und seinem Leiter nicht verkümmert werden.

Daß mit dem ersten Wurf das Außerordentliche nicht vollkommen bis ins Einzelne zu bewältigen war, läßt sich denken. Niemand vermag die Bühnenwirkung so schwieriger Aufgaben bis ins Einzelne voraus zu sagen. Ich könnte daher einer Kritik nicht zustimmen, die durch Herausgreifen von Einzelheiten die Unzulänglichkeit der Kräfte oder die Unausführbarkeit des Unternehmens beweisen und damit den Erfolg des Ganzen in Abrede stellen wollte. Ich halte eine Besprechung solcher Einzelheiten, die allerdings vorhanden sind und wohl von Mund zu Mund gehn, nur für berechtigt, wenn sie für das Unternehmen fruchtbar zu werden, wenn sie, auf das Verständniß der Dichtung gestützt, annehmbare Vorschläge zur Beseitigung der noch nicht überwundenen Schwierigkeiten zu machen bemüht ist.

Möchten die Gedanken, die sich mir in diesem Sinne aufdrängen, so beurtheilt werden und diejenigen sich über ihre Brauchbarkeit nicht täuschen, von denen ich vielfach aufgefordert wurde, sie niederzuschreiben.

Der erste Abend.

Der Vorhang geht auf, wir sehn auf der Bühne Goethe leibhaftig vor uns in seinem Zimmer. Er spricht die Zueignung:

Ihr naht euch wieder, schwankende Ge=
    stalten,
Die früh sich einst dem trüben Blick ge=
    zeigt etc.

Er steht also vor uns in dem Moment, wo er, von Schiller ermuntert, daran geht, den 1. Theil seines Faust zu vollenden. — Die Valentinscene, die Walpurgisnacht waren noch nicht geschrieben. Er denkt mit Rührung derjenigen, die sein Publikum waren, als er die älteren Scenen schrieb, er denkt besonders derer, die von jenem Kreise nicht mehr sind! Die Gegenwart tritt vor seinem Geist zurück, jene Jugend=phantasien treten an ihre Stelle:

Was ich befitze, feh' ich wie im Weiten
Und was verfchwand, wird mir zu Wirk=
lichkeiten!

Es ift diefe Vorführung der Zueignung von der
Kritik getadelt worden. Ich fand den Gedanken
fchön: bei einer erften Aufführung des
ganzen Fauft, fo an den Dichter zu erinnern.
Der Ausführung freilich konnte ich nicht zuftimmen.

Nach diefer Zueignung läßt fich nichts anderes
denken, als daß nun jene fchwankenden Ge=
ftalten von Goethes Jugendzeit auch fogleich auf=
treten. Nicht das Vorfpiel kann darauf folgen, fon=
dern nur die Tragödie felbft.

Der Abgang des Schaufpielers, der Goethe dar=
ftellt, ift freilich nach den Schlußworten der Zueig=
nung fchwierig. Sie fchließt nicht effektvoll genug.

Diefe Schwierigkeit mag nun die Einrichtung
zur Folge gehabt haben, daß die Zueignung mit dem
Vorfpiel auf dem Theater verfchmolzen wurde! Die
luftige Perfon und der Director treten ein zu dem
leibhaftigen Goethe im fchwarzen Salonrock, und er
muß nun als Dichter im Vorfpiel mit weiter fpielen!
Dies ift aber eine Einrichtung, die die Wirkung,
fowohl der Zueignung, als auch des Vorfpiels ge=
radezu vernichtet.

Sollte die Zueignung von der Bühne aus ge=
fprochen werden, fo mußte nach derfelben der Vor=
hang fallen. Hier fpricht Goethe felbft. Was das
bedenkliche Unterfangen betrifft, den Dichter felbft

erscheinen zu lassen, so sei nur bemerkt, daß ich auch
diese Erscheinung mir anders dachte, so wie auch
Goethe gewiß nicht mit so weichlich sentimentalem
Vortrag gesprochen hätte! Als er die Zueignung
schrieb, war der Dichter 48 Jahre alt. Der Zopf
war noch nicht gefallen, man denkt sich ihn in der
Tracht des 18. Jahrhunderts. Der Darsteller gab
uns den Dichter als Siebziger, nach der Rauchschen
Büste von 1820. — Aufgefallen ist ferner, daß er
die Lesart: Mein Lied ertönt der unbekann=
ten Menge statt: Mein Leid festhielt. So lange
Goethe lebte, hieß es: Mein Leid. Goethe be=
zeichnet als Gegenstand seiner Dichtung gerne sein
Leid:

Ach, wie hab' ich so oft die thörichten Blätter ver=
wünschet,
Die mein jugendlich Leid unter die Menschen
gebracht.

Gedichte 3, 123:

Was ich irrte, was ich strebte,
Was ich litt und was ich lebte,
Sind hier Blumen nur im Strauß.

Gedichte 1, 14 und im Tasso:

Und wenn der Mensch in seiner Qual verstummt,
Gab mir ein Gott zu sagen, was ich leide. --

Aber diese Bemerkungen sind wohl kleinlich.[3])

Diese Worte der Zueignung von der Bühne
herab, bereiteten bei alledem Stimmung. Als aber

die barocken Figuren: **lustige Person** und **Director** zu Goethe ins Zimmer traten, da hätte man halt! rufen mögen. Man fühlte sogleich die Stimmung verwirrt. Die Bedeutung der Zueignung war verwischt. Das Vorspiel heißt: **Vorspiel auf dem Theater**. Es spielt demnach innerhalb der Bude, die im Stück erwähnt ist. Die Gestalten sind daher alle drei **typische Gestalten der Dichtung**. Die beiden Figuren: **lustige Person** und **Director** waren auch wunderlich genug kostümirt, aber weder geschmackvoll noch stilvoll, und nahmen sich neben dem wirklichen, würdevollen Goethe, das fühlte man allgemein, seltsam aus. — Alle drei Gestalten mußten, zusammen stimmend, jede in ihrer Art stilisirt erscheinen. Der Director natürlich nicht als Ideal eines Directors, sondern als Typus der nicht idealen Ansprüche des Geschäftsmannes.

Nicht um Goethe handelt es sich hier, sondern um den idealen Dichter des Faust, dem sich die alltäglichen Anforderungen des Directors in den Weg stellen.

Ueber die Kostümirung war man sich offenbar nicht klar, irre geleitet durch den Ausdruck: **lustige Person**. Hätte man bedacht, daß Goethe darunter den Hanswurst meint, — wie man sich z. B. überzeugen kann aus Schöll, Goethe in Hauptzügen S. 551, wo er für Eine und dieselbe Figur einmal den einen, ein andermal den anderen Ausdruck gebraucht — etwa einen durch eine edlere Bezeichnung veredelten Hanswurst — so wäre damit nicht nur die Kostümirung dieser Einen Figur, sondern auch die der beiden anderen danach bestimmt worden. Ein Theaterdirector, der seinen Hanswurst hält, gehört in die Rococozeit und danach ist sein Kostüme zu wählen. Allongeperücke, die Kleidung etwas übertrieben, pomphaft Rococo. Der Dichter, eine ideale Gestalt, aber gleichfalls Rococo. Ohngefähr nach dem Medaillon Goethes von Melchior.

In Bezug auf die Darstellung muß hier nun vollends bemerkt werden, daß sie der Absicht des Dichters nicht gerecht geworden ist.

Wenn das Vorspiel überhaupt irgend eine Bedeutung hat, so kann es nur die sein, daß es auf die ganz eigenthümliche und einzige Faustdichtung vorbereitet. Es stellt uns den Dichter dar, ganz ideal, von allen praktischen Rücksichten absehend, seinem Genius folgend. Groß und stolz steht er da, den beiden anderen gegenüber, die ihn mit den Anforderungen der Menge, den frivolen Zumuthungen des Unterhaltungsbedürfnisses bestürmen.

Mit hohem Unmuth, nur nicht sentimental, sagt der Dichter:

O sprich mir nicht von jener bunten
    Menge,
Bei deren Anblick uns der Geist ent-
    flieht etc.

Und dann, noch gesteigert:

Geh hin und such' dir einen andern Knecht!

Den Anforderungen der lustigen Person gegenüber aber bemerkt er: so spielend, leicht, wie sie sich seine Aufgabe denkt, könnte er sich's nur machen, wenn ihm seine Jugend wieder gegeben werden könnte: die Zeiten, da er noch selbst im Werden war! — Er ist dies demnach nicht mehr. Er denkt nicht zu glänzen durch augenblicklichen Erfolg, er denkt Echtes zu bieten, das der Nachwelt bleibt.*)

Es muß der Eindruck zurück bleiben, daß diesmal von dem Dichter etwas ganz Ungewöhnliches, der Rücksichten nicht Achtendes zu erwarten sei.

In hehrer Einsamkeit sehn wir ihn den beiden anderen gegenüber. Wir können seinem Darsteller nur gestatten, daß er bei den letzten Worten des Directors aufblicke, wie von einem Blitz erleuchtet, als ob er sagen wollte: Vom Himmel durch die Welt zur Hölle! das soll allerdings mein Ausgang sein! —

Statt dieser Darstellung unnahbarer Hoheit des Dichters, erhielten wir den Eindruck, als ob der Director ihn, nicht ohne Erfolg, belehrte. Goethe stand ihm gegenüber wie ein Schüler und wurde immer kleiner dabei, als ob er die guten Lehren beherzigte, um sie pünktlichst zu erfüllen! —

Von dem Prolog im Himmel wollen wir hier nur bezeugen, daß der Eindruck ein überaus herrlicher war, so daß uns die wunderbaren Worte:

---

*) Was glänzt, ist für den Augenblick geboren,
Das Echte bleibt der Nachwelt unverloren.

Die Sonne tönt nach alter Weise u. s. f. so wahr, so neu erschienen, als müßten wir sie nicht auswendig! — Am schönsten sprach wohl Erzengel Michael, die anderen Engel etwas sentimental, wo nur freudig begeisterter Vortrag am Platze war. Daß „der Herr" unsichtbar aus Wolken spricht, können wir nicht billigen. Wie der ganze Prolog im Himmel in naiver, volksmäßiger Weise gedacht ist, mußte auch „der Herr" sichtbar dargestellt sein, so wie Hans Sachs ihn gegeben hätte, wie das dem volksmäßigen Weihnachtsspiel vorangehnde Paradies= spiel ihn erscheinen läßt; mit bester Wirkung. Mag seine Gestalt von Wolken verdeckt sein; ein wür= diges, von wallendem Haar und Bart umflossenes Haupt, hin und wieder eine Hand, müßten sichtbar werden.

Was die Erscheinung des Mephistopheles an= langt, hätten wir wohl gewünscht, daß ein künstlerisch gebildetes Auge zu Hilfe gekommen wäre, um sie, dem ganzen herrlichen Bilde entsprechend, herzu= stellen.

Wo die übrigen Gestalten so lebensvoll erscheinen, wie hier im Prolog, wie dann Faust alle drei Abende hindurch, Gretchen den zweiten Abend, so auch die Scenerien eine nach der andern, da durfte eine so wichtige, bedeutende Gestalt, wie die des Mephistopheles, nicht den Eindruck einer Figur eines Maskenballs machen. Soll ein dämonischer Ausdruck ihrem Antlitz durch wild geschweifte Augenbrauen gegeben werden, so müssen diese Augenbrauen von Haaren sein, nicht wie mit Tinte gemalt! Das ganze Antlitz muß kräftiges Colorit haben, dämonischen Ausdruck, aber durch und durch lebendig, wie große Künstler den Teufel gemalt haben. — Ein eisiges, stätes Lächeln, das Wohlgefallen am Bösen, Hohn und Spott und Grimm zugleich ausdrückt, wie dies Gretchen andeutet, wäre nicht schwer herzustellen. Dies würde vielleicht auch dem Humor, mit der diese Gestalt entworfen ist, zum Durchbruch helfen!⁴) Der Vorhang fällt. Fausts Zimmer. Und nun beginnt unser Faust! Das Zimmer Fausts hat das Burgtheater sonst, wenn ich mich recht erinnere, malerischer dargestellt. — Die Hauptsache ist aber wohl die große Darstellung des Helden durch Sonnenthal. Es ist jedenfalls eine Leistung, die volle Anerkennung verdient. Alles falsche Pathos, mit dem diese Gestalt so leicht unwahr wird, war gemieden. Allgemein hat sich das Urtheil gebildet, daß Sonnenthal, verhältnißmäßig, den zweiten und dritten Abend noch mehr befriedigte als den ersten. Wenn diese Meinung eine Berechtigung hat, was ich nicht läugnen kann, so liegt es darin, daß dem Darsteller für die Momente höchsten Affects, wo der Sturm und Drang, das Titanische wie eine Flamme durchschlägt, der höchste Aufschwung fehlte. Er hat vom Strom der Rede sich nie hinreißen lassen bis zur Selbstvergessenheit, wie dies hier doch in der Dichtung liegt. Er sucht durch überzeugendes Spiel zu wirken, zerstückt aber zuweilen damit den Redestrom. Bei den Worten: Was grinsest du mir hohler Schädel her? nimmt er den Todtenschädel in die Hand. Bei den Worten: Du, alte Rolle, du wirst angeraucht, nimmt er eine Rolle auf. Am deutlichsten wird das Angedeutete vor der Scene mit dem Schüler. Faust sagt: Mir ist's nicht möglich ihn zu sehn! Mephistopheles verlangt von ihm Rock und Mütze, um seine Rolle zu übernehmen. Wenn wir nun in Fausts Stimmung uns hineindenken, so müssen wir erwarten, er wird wohl Rock und Mütze hinwerfen! Sonnenthal verfällt hier der Form höflicher Gewohnheit und ist dem Mephistopheles mit großer Beflissenheit behilflich in den Rock hineinzukommen! — Es ist richtig, wir thun das auch einem guten Freunde, wenn ein Kammerdiener nicht da ist: ob aber auch bei Faustischer Stimmung? — Die Erscheinung des Erdgeistes, Gabillon in ganzer Gestalt in rother Beleuchtung, befriedigte nicht. Goethe ließ ein Riesenantlitz nebelhaft im Hintergrund durch eine laterna magica erscheinen. Ein nur für Augenblicke deutlicher werdendes Bild wäre vielleicht am Platze. Die Worte des Erdgeistes:

In Lebensfluthen, im Thatensturm
Wall' ich auf und ab 2c.

ließ er aber singen.

S. meine Faustausgabe I, Seite LXII. Es wäre sehr zu erwägen: ob man diesen Anordnungen des Dichters nicht nachkommen sollte? Die Worte, in denen der Geist seine Natur ausspricht, mußten gesungen von größter Wirkung sein! —

Kann man im Wesentlichen der Tendenz Wilbrandts nur zustimmen, wenn er das Opernhafte möglichst meidet; wir werden sehn, daß es oft doch noch mehr zu meiden gewesen wäre. Einigemale bedauerten wir aber auf das Lebhafteste, nothwendige Gesänge nicht zu hören, die, als eingelegte Lieder, streng genommen nicht einmal opernhaft genannt zu werden verdienen.

Indem Fauſt den Giftbecher anſetzt, ertönt: Chriſt iſt erſtanden! ꝛc. — Es iſt ja klar, daß wir hier Fauſt aufhorchen, den Worten lauſchen ſehn wollen; die geſungenen Worte erklären uns, was in ſeiner Seele vorgeht. Eine Spannung entſteht, indem das Lied ertönt, von unvergleichlicher Wirkung und Poeſie! Um dieſe Wirkung wurden wir gebracht, indem das Lied nicht gehört wurde.

Iſt hier der Geſang weggeblieben und ging damit eine poetiſche Wirkung verloren, die wir ſchwer vermiſſen, ſo war der opernhafte Aufwand in den Scenen vor dem Thor viel zu groß! Die Einzelheiten waren wunderbar, kunſtvoll ausgeführt. Das Thor, die Häuſer im Hintergrund, deren Fenſter bei zunehmender Dämmerung ſich beleuchteten, die Spaziergänger, die Volksmaſſen! Wem aber der Eindruck, den der Dichter hier beabſichtigt, deutlich vor dem Geiſte ſteht, der fühlt: dieſer Eindruck wurde nicht erreicht. — Die Befreiung der Seele vom Druck des Winters ſoll uns fühlbar werden. Spaziergänger aller Art, ein Trupp Soldaten vorbeiziehend, Bauern unter der Linde, Fauſt und Wagner. — Nicht die

Kleinheit der Bühne ist Schuld, wenn man sich bei dieser Scene beengt und bedrängt fühlte, statt frei aufzuathmen! Unser Burgtheater hat weit ausblickende Fernsichten und weite Landschaften oft ganz vortrefflich dargestellt. Bei der jetzigen Darstellung beengt das Stadtthor, das viel zu nahe gerückt ist, den Raum und sind die aufgebotenen Volksmassen zu groß. Das Gewimmel und Lärmen beim Aufmarsch der Soldaten wirkt übertrieben und betäubend und verdirbt das knappe, stramme Bild, das der Dichter gegeben. So ist auch das Gewimmel der jubelnden Bauern viel zu groß und der Jubel zu wild für die Stimmung, die der Dichter will.

Der Spaziergang in **Feld und Auen** hat in Faust die **bessre Seele** geweckt, **Menschenliebe** in ihm erregt, die **Liebe Gottes** wachgerufen, die **wilden Triebe** beschwichtigt. Diese Wirkung soll aus den Scenen vor dem Thor verständlich werden.

Ein weiterer Fall, wo ein Lied vermißt wurde, trat ein den zweiten Abend in der Scene im Dom. Wir besprechen ihn gleich hier, als principiell damit zusammenhängend. Es ertönt der markerschütternde Gesang:

> Dies irae, dies illa
> Solvet saeclum in favilla.

Die Worte des bösen Geistes interpretiren den Gesang:

> Grimm — ira — Aschenruh — favilla etc.

Das Publikum ist vertraut mit dem Wortlaut und erwartet,

den Chor zu hören. Bei einer so reich ausgestatteten Aufführung durfte das dies irae nicht fehlen. „Die Scene wirkt zermalmend an ihrem Orte und wenn Keiner weiß womit, so weiß ichs und habe die ganze Kirche vor Augen" sagt Zelter, Briefw. 5, 344. — Auch am dritten Abend vermißten wir ein Lied. Die Lemurenscene ist rein ins Gräßliche verdüstert durch das lange fortgesetzte Gemurmel, das diese widerlichen Gesellen hören lassen. Es sind Erscheinungen, bei deren Anblick Personen mit schwachen Nerven ohnmächtig werden. Ich sah Frauen aufstehen und sich entfernen. Diese Darstellung hätte sich der Dichter verbeten. Ich erinnere an die unausgeführte Scene einer Parodie auf die Nacht=, Grab= und Vampirendichter im Faust 2, nach Vers 687. Dagegen vermißt man schmerzlich die, altenglischen Versen nachgebildeten Lieder der Lemuren:

> Wie jung ich war und lebt' und liebt',
> Mich däucht, das war wohl süße! 2c.

Dann die Verse bei der Grablegung, dramatisch in Solo und Chor vertheilt. Ihre Bedeutung soll erst besprochen werden. Ein Lemur singt im Grabe, indem er den begrabenen Todten darstellt:

> Wer hat das Haus so schlecht gebaut,
> Mit Schaufeln und mit Spaten?

Darauf erwiedert der Chor der Lemuren:

> Dir, dumpfer Gast im häufnen Gewand,
> Ists viel zu gut gerathen.

Und wieder singt der Todte:
Wer hat den Saal so schlecht versorgt?
Wo blieben Tisch und Stühle?
Chor:
Es war auf kurze Zeit geborgt;
Der Gläubiger sind so viele!

Wenn diese, wirklich poetisch belebenden Gesänge wegbleiben, so wird das Auftreten der Lemuren ganz unverständlich; ihr Gemurmel ist ein Appell an elementarste Schauderempfindungen, wie zum Kinderschreck. Unsere Phantasie erhält einen widerlichen leeren Anblick von halbvermoderten Grabgestalten.

Alles das berührt den schwierigen Punkt der Darstellung des Ueberirdischen auf der Bühne, über den mir bei der Faustdarstellung noch allerlei Gedanken gekommen sind, die ich hier gleich anschließen will. Schon oben wurde bedauert, daß „der Herr" nicht sichtbar dargestellt wurde. Was der dramatische Dichter sich sichtbar denkt, muß wohl auch sichtbar dargestellt werden. Die Stimme hörte man doch und man muß sich zu ihr eine menschliche Persönlichkeit denken. Durfte man die Stimme hören, so darf man die Gestalt auch sehn. Dasselbe ist am Schluß des 2. Theils zu bemerken, wo man wieder Maria nicht sieht, die doch als Hauptgestalt des Schlußbildes erscheinen sollte.

Die Verlegung hinter die Scene ist eine Auskunft der Verlegenheit, wo Ueberirdisches dargestellt werden soll. Wo es die Dichtung verlangt, muß es künstlerisch zur Darstellung gebracht werden, der Wirklichkeit angenähert, daß es überzeugend als denkbar erscheint, wie dies mit den Engelscharen der Wiener Darstellung so wunderbar gelungen ist. Das ist ja eben das, was man von der Kunst verlangt. Es ist ihr gestattet, Ideale darzustellen, sie soll ihnen aber den Charakter der Wahrscheinlichkeit, der Lebensmöglichkeit leihen, den sie der Wirklichkeit ablauscht. — Sowohl für Darstellung des Herrn, als auch für die der Himmelskönigin und des Mephistopheles hat die bildende Kunst herrliche Vorbilder geschaffen.

Ebenso wenig als man jedoch den Geist befriedigt, wenn man an der Stelle einer Gestalt nur eine Stimme hören läßt, ebenso wenig wird der Charakter des Gespenstischen, Ueberirdischen erreicht, wenn man die Stimme zu irgend einem unnatürlichen Klang anstrengt. Dies ist in zwei Fällen vorgekommen, immer mit der übelsten Wirkung, immer zum **Nachtheil des Verständnisses**. Einmal mit den Stimmen der Meerkatzen in der Hexenküche, dann mit der Stimme des Homunculus. Die Meerkatzen redeten, als ob sie eine Vorrichtung am Munde hätten, die sie am Reden hindert: sie redeten widerlich, undeutlich. Wenn wir die Stimmen wilder Knaben gehört hätten, so hätte das zu der Rolle vollkommen gepaßt; bei dem Niegehörten Unnatürlichen, das sie zum Besten gaben, konnte man sich gar nichts denken. — Mehr noch zu beklagen war der Fehlgriff bei Homunculus. Alles was er spricht

Die Darstellung des Homunculus. 21

ist herrliche, lautere Poesie und zur Handlung unentbehrlich. So wie es dargestellt wurde, wurde die ganze Rolle verdorben. Die Fistelstimme, die man hörte, war widerlich, weil die Anstrengung, mit der sie hervorgebracht wurde, beängstigend war. Schon hört man Stimmen: Der Homunculus müsse ganz wegbleiben. Das wäre ein bedauernswerther Mißgriff. Homunculus ist ein klarsehender Geist des Lichtes. Hervorgegangen aus der Gelehrtenstube, wie der Humanismus; er weiset und leuchtet voran ins klassische Alterthum, in dem er selbst Gestalt zu gewinnen hofft. — Was er spricht muß von einer klaren, schönen Frauenstimme gesprochen werden. Die Stimme muß aber aus der Flasche kommen und immer dort sein, wo die Flasche ist. Goethe dachte an einen Bauchredner, der schwer zu finden wäre und kaum in dem Maße entsprechen würde, als dies zu wünschen ist. Eine schöne Frauenstimme wird immer zu haben sein. Das Kunststück weiter auszuführen scheint mir nicht gar zu schwer. Die Bühne ist dazu schon bestens vorbereitet. Im Zimmer herrscht Dämmerung. Rechts im Hintergrund sieht man in Wagners Laboratorium, links im Hintergrund das Lager, auf dem Faust schläft. Die leuchtende Flasche darf Wagner nicht aus der Hand lassen, wie Goethe (bei Eckermann) verlangt. Nun muß vom Lager Fausts bis zum Laboratorium, für den Zuschauer unsichtbar, ein verdeckter oben offener Gang angebracht sein, gerade hoch genug, um die Schauspielerin zu verdecken, der die Flasche durch Wagner auf den Kopf gesetzt wird.

In solchen Dingen ist es nicht zu rathen, all zu schwierige Künsteleien zu versuchen. Es wäre ja leicht eine Flasche herzustellen mit einer Oeffnung nach unten und oben, durch die eine Person sprechen könnte. Wagner schiene die Flasche zu halten, eigentlich hielte er sie aber einer Person an den Mund, die, dem Zuschauer unsichtbar, hinter einer mannshohen Bretterwand, mit der Flasche sich fort bewegte und von unten herauf durch die Flasche spräche. Aber auch dadurch verlöre die Stimme an Deutlichkeit. Es ist viel einfacher und zweckmäßiger, wenn die des Homunculus Rolle sprechende Person frei spricht. Wenn sie sich immer unter der Flasche befindet und deutlich spricht, so wird das ganz anders wirken als bisher, wo eine quiekende Stimme Gott weiß woher ertönte und mitten im Zimmer eine Flasche frei in der Luft herum fuhr. Indem Wagner auf das, was aus der Flasche gesprochen wird, verwundert hinhorcht, so wird die Illusion auf das Beste unterstützt.

Nun muß es scheinen, als ob Wagner die Flasche hielte und vom Laboratorium bis zu Fausts Lager trüge. Eigentlich trägt sie die Schauspielerin auf dem Kopf oder hält sie die Flasche mit der Hand an einer verborgenen Handhabe unten und geht mit, so, daß ihre Stimme immer dort ist, wo die Flasche. Selbst die Umrisse einer kleinen Gestalt können auf der Flasche röthlich gemalt, durch die innere Beleuchtung sichtbar, erscheinen. Bei Wagners Worten: Fürwahr, du bist ein allerliebster Knabe! möchte man doch etwas sehn! —

Nach des Homunculus letztem Worte: **Leb=
wohl!** wird die Flasche emporgehoben und schwindet
nach oben, indem Wagner die Hände nach ihr aus=
streckt und ausruft:

**Lebwohl! das drückt das Herz mir nieder,
Ich fürchte schon, ich seh dich niemals
wieder!**

Müssen wir in beiden Fällen uns gegen wirkungs=
lose und unnöthige Künsteleien aussprechen, die in
unnatürlichen Veränderungen der Stimme beruhen,
so befinden wir uns hiermit gewiß in Uebereinstim=
mung mit dem, was allgemein gefühlt wurde. —
Ein anderes ist es mit einer dritten Geisterstimme,
mit der Stimme des bösen Geistes in der Scene im
Dom, der durch unsere große Tragödin Wolter ge=
geben wurde. Diese Künstlerin hat uns am dritten
Abend mit ihrem großen Spiel entzückt. Dies kann
uns aber doch nicht bestechen, ihrer Darstellung des
bösen Geistes ganz zuzustimmen. Ich will nicht in
Abrede stellen: sie gefiel auch hier.

Man hört eben die sonoren Töne unserer Tra=
gödin immer gern! — Wenn wir aber nun höchlich
billigen müssen, daß sie als böser Geist in einem
Grau gekleidet erschien, das so zum Hintergrund
stimmte, daß sie fast unsichtbar wurde und alles In=
dividuelle zurücktrat, so stand damit in Widerspruch
der volltönige sonore Vortrag, durch den **unsere
Wolter!** in ihrer ganzen vollen Individualität
hervortrat! — Der böse Geist kauert sich hin an

Gretchens Seite und flüstert ihr ins Ohr, beängstigend, warnend:

> Wie anders, Gretchen, war dir's,
> Als du noch voll Unschuld ꝛc.

Er interpretirt die Worte des Chors: die *bös* Grimm faßt dich! Er flüstert ihr zu: Verbirg dich! Wenn diese Worte mit der Stimme eines Befehlshabers laut schallend gesprochen werden, so muß uns das aus der Illusion reißen, denn dann steht der böse Geist Gretchen — gegenüber. Soll der böse Geist als innere Stimme schreien, so muß es ein Schreien der Todesangst sein und er darf sich nicht durch den Vortrag von Gretchen trennen, indem er sich durch Haltung und Kleidung an sie wesenlos anschmiegt und ein Theil ihres Wesens sein will.

In Zusammenhang mit diesen Bemerkungen über Darstellung von Phantasiegebilden aus einer unwirklichen Welt, möchte ich auch die Scenerie der Hexenküche berühren.

Wenn im Uebrigen Wilbrandt mit Recht bemüht war, alles Opernhafte zu beschränken, so ist er hier, wie es scheint, bei älteren Traditionen geblieben. Die Hexenküche schien mir unnöthig opernhaft. Darstellungen wie die Wolfsschlucht im Freischütz sind in der Oper am Platz. Im Faust möchten wir wünschen, daß das gesprochene Wort so viel als möglich zur Geltung komme und da sind Bilder, wie das der Hexenküche, in der jetzigen Darstellung kaum zweck-

Die Hexenküche. 25

mäßig. Es wirkt all der Spuk mit dem Feuerkessel und den aufschlagenden Flammen, dazu das unverständliche Treiben der Meerkatzen verwirrend. Was Faust und Mephistopheles sprechen, wird gar nicht recht verstanden. Man möchte den Meerkatzen immer Ruhe gebieten, um doch zu hören! — Denken wir uns eine — Hexenküche, d. h. eine Küche etwa in Rembrandtscher Beleuchtung, nach Darstellungen von Teniers, die Goethe vorgeschwebt zu haben scheinen. Teniers läßt wiederholt unter seinen Bildern mit der Ueberschrift les hommes en miniatures Meerkatzen in menschenähnlicher Beschäftigung erscheinen. In einem Bilde: départ pour le sabat zeigt er uns Hexen, zum Hexensabbath aufbrechend, in einem andern le laboratoire du chimiste, eine rechte Hexenküche; aber viel denkbarer, nüchterner, einfacher. — Die ganze Scene kann zusammengezogen werden und soll nur die Hauptpunkte deutlich machen. Faust erblickt in dem Spiegel in dem hingestreckten Leibe eines Weibes den Inbegriff von allen Himmeln und trinkt den Verjüngungstrank. Wieviel der Zuschauer von dem Bild im Spiegel zu sehn bekommt, bleibe dahingestellt, jedenfalls muß es ein schöner Leib sein, nicht ein verhüllter.

Ausdrücklich sei hervorgehoben, daß diese Bemerkungen ja doch nur Nebensächliches treffen und daß auch der erste Abend in hohem Grade als gelungen bezeichnet werden muß, besonders durch den Prolog im Himmel und durch das Spiel Sonnenthals. —

Man war nur unbefriedigt, daß man nach Hause gehn mußte nach der Exposition, denn jetzt erst, nachdem Fauft den Zaubertrank getrunken, fühlen wir, daß die Tragödie beginnt. — Die Hexenküchenscene ist ein unbefriedigender Schluß. —

Der zweite Abend.

Die Gretchentragödie ganz für sich, ist die Dichtung, die den zweiten Abend füllt und uns so hinreißt und erhebt, daß man von allen Seiten die Bemerkung vernehmen konnte, daß **hinter dieser Dichtung doch jede andere zurücktritt!** — Faust war bewundernswerth, Gretchen übertraf alle Erwartungen. Wir haben an ihr nur Einen Fehlgriff zu rügen, das ist die Darstellung, wo sie ihr Zimmer betritt, das soeben Faust und Mephistopheles verlassen. Sie ahnt Unheimliches und spricht:

> Es ist so schwül, so dumpfig hie
> Und ist doch eben so warm nicht drauß.
> Es wird mir so, ich weiß nicht wie, —
> Ich wollt', die Mutter käm' nach Haus.
> Mir läuft ein Schauer übern ganzen Leib,
> Bin doch ein thöricht furchtsam Weib!

Wenn hier diese so einfachen Worte mit aller unschuldigen Simplicität Gretchens gesprochen werden,

so wird es auch gelingen, einen unwillkürlichen Schauer natürlich und wahrscheinlich darzustellen. Er geht ja sogleich vorbei, sie spottet selbst darüber:
Bin doch ein thöricht furchtsam Weib!
Nun wollte Frl. Wessely aber eine größere Wirkung erzielen und verfiel der Unnatur. Sie steigert ihren Schauder bis zum Entsetzensschrei, so daß sie den König in Thule noch athemlos beginnt. Das soll uns sagen, sie habe den Teufel erahnt und wolle sich mit dem Lied zerstreuen; es macht aber durchaus nicht den Eindruck der Gesundheit, sondern übertriebener Nervosität, was gar nicht zu Gretchens Bilde paßt, das uns Frl. Wessely sonst so lieblich dargelebt hat.

Wenn das zweite Lied Gretchens (Gretchens Stube. Gretchen am Spinnrade allein), wie es zur Darstellung kam, getadelt wurde, so erwog man wohl nicht, welche Schwierigkeiten hier zu überwinden waren und würdigte viel zu wenig die Leistung der Darstellerin, den Eindruck, der in der That erreicht wurde. Daß Frl. Wessely den König in Thule nach der einfachen Composition Zelters sang, ist höchlichst zu billigen. Sie trug den Gesang auch, nachdem die erwähnte Alteration überwunden war, die wir tadelten, vortrefflich volksmäßig, balladenartig vor und erreichte damit vollkommen die erwünschte Wirkung. Mit dem Liede am Spinnrade aber ist eine viel schwierigere Aufgabe gestellt. Es ist nicht angegeben, daß es gesungen werden soll und ist eigentlich ein

„Meine Ruh' ist hin." 29

Monolog. Es zu singen, macht die größten Schwierigkeiten. Hier ist eine volksmäßige Balladenform der Melodie nicht denkbar, die schönen Compositionen von Schubert und von Löwe machen auf der Bühne doch nur einen opernhaften Eindruck; es wird das Lied zur Bravourarie einer Sängerin und stimmt zur Gestalt Gretchens nicht. — Nun kommt noch dazu, daß dieses Lied oder dieser Monolog der ganze Inhalt der Scene in Gretchens Stube ist. Es zeigt uns Gretchen in dem Zustande höchster Beseligung und Erregtheit durch die Liebe, wo jedes Besinnen aufhört, jede Umkehr unmöglich scheint. Kann das gesprochen werden „am Spinnrade"? Und nach den Worten: An seinen Küssen Vergehen sollt! soll Verwandlung eintreten: Marthens Garten und Margarethe soll mit Faust eintreten? — Die Scene ist von Goethe zuerst nach der ersten Gartenscene, später nach der ersten Scene in Wald und Höhle eingelegt. Wenn eine Aenderung gegen des Dichters Anordnung zu rechtfertigen ist, so ist es die Wilbrandts, nach der Gretchen ihren Monolog in Marthens Garten — spricht. Und die Darstellerin sprach ihn voll inniger Empfindung und Naturwahrheit. Bei den letzten Worten tritt Faust ein. Sie wendet sich, erblickt ihn und stürzt ihm in die Arme. Die störende Verwandlung fällt weg. Die ergreifende vielsagende Umarmung gestattet eine Pause, nach der sich das Gespräch, in dem Gretchen gleich alle Zweifel ausspricht, die in ihr in der Abwesenheit Fausts aufgestiegen waren, natürlich anschließt. Die

Veränderung der Scene brachte eine so durchschlagende Wirkung hervor, daß wir sie nur loben können.

Die folgenden Scenen spielten sich natürlich hinreißend ab, die Scene am Brunnen fehlte nicht.

Die Darstellung der Walpurgisnacht war jedenfalls eine große Leistung der Bühnentechnik. Die Blocksberglandschaft vom Monde beleuchtet, die gespenstischen Felsenzacken, dazu darüber hin das Pfeifen und Sausen der Stürme; Alles das war mit schauerlicher Naturwahrheit gegeben. Eine Wandeldecoration brachte die Gegenden zur Anschauung, die von Faust und Mephistopheles durchwandert werden. Das Irrlicht, der in den Bergen glühende Mammon, die verführerische Lilith, Adams erste Frau, die erschütternde Erscheinung Gretchens mit dem rothen Schnürchen um den Hals, „nicht breiter als ein Messerrücken" etc. Alles kam zu wirksamem Ausdruck.

Die Walpurgisnacht war zweckmäßig gekürzt und höchst wirksam knüpfte sich unmittelbar daran die erschütternde Scene in Prosa (**Trüber Tag**; nur die sechs Verse der Scene: **Nacht. Offen Feld. Mephistopheles auf schwarzen Pferden daherbrausend**, bleibt weg), endlich die wunderbare Kerkerscene — so daß jede Kritik schwieg und das Publikum bewegt und erhoben das Theater verließ. Der erste Abend hatte von 7 bis $10^1{}_2$ gedauert, der zweite bis $9^1{}_2$. —

Der dritte Abend.

Die große Frage des dritten Abends mit dem 2. Theil ist noch zurück, obwohl ich vorgreifend schon Einzelnes besprochen habe. — Wir wissen alle gar wohl, schon der 1. Theil erregt im Zuschauer Bedenken, die nur durch die Gewalt der hinreißenden Dichtung beschwichtigt werden. Wie sie zu rechtfertigen sind, wird bei gelungener Darstellung gefühlt.

Eine neue Religion, eine neue Sittlichkeit tritt hier vor uns hin, obwohl sie in letzter Instanz mit den erhabensten Worten des Heilandes nahe genug zusammenstimmt.

Man konnte nun im Theater Aeußerungen hören, die vollgültig bewiesen, daß die Aufgabe glücklich gelöst war, die hier gestellt ist. Man hörte nämlich die Bemerkung: „Es sei doch merkwürdig, daß man sich hingerissen fühle, Gretchen, die doch so schwer gefehlt, zu vergeben!" Es wäre übrigens unrecht, nicht zu erwähnen, daß solchen Erfolg auch frühere

Darstellungen des 1. Theils schon erreicht hatten. — Schon Hermann Weiße sagte (1837) von der Kerkerscene, es sei hier eine Aufgabe gelöst, an die sich selbst Shakespeare nicht gewagt: im Halbwahnsinn des zerrütteten Gemüths Gretchens, der unfreiwilligen Verbrecherin an Mutter und Kind, ihren Adel und ihre sittliche Reinheit zu offenbaren. Es offenbart sich nämlich, daß ihre Liebe vollkommen frei von Selbstsucht ist, sowie sie auch nur durch selbstvergessene Hingabe gefehlt.

Es ist dem Dichter gelungen, die Unschuld der Schuldigen so überwältigend zur Anschauung zu bringen, daß die „Stimme von oben": Sie ist gerettet! aus der eigenen Brust des Lesers oder Hörers hervor zu tönen scheint.

Aber nun der 2. Theil!? — Hier erlebten wir ganz Aehnliches, wenn das Verständniß auch noch weiter entfernt war von durchbrechender Klarheit. Auch vom 2. Theil bemerkte man, tief gerührt und erschüttert am Schlusse, es sei doch merkwürdig, daß man Faust alles vergebe und mit Befriedigung ihn in den Himmel aufgenommen sehe, der so viel verschuldet und so arg mit dem Bösen verbündet war!

Fausts Rechtfertigung liegt in dem Idealismus seiner Natur, den Mephistopheles nicht zu überwinden vermag. Dieser hat mit dem Herrn die Wette gemacht, ihn vom rechten Wege abzubringen und **seine Straße sacht zu führen.**

Es gelingt ihm nicht. Die Liebe zu Gretchen wird durch seine Einmischung allerdings zur Quelle

von Unheil, aber zur Rettung Fausts: er kann Gret=
chen nicht vergessen und kann daher nicht verführt
werden in Sinnenrausch unterzugehn. — Das Ver=
hältniß der beiden Theile zu einander kennzeichnet
sich durch die Gestalten Gretchens und Helenas. Es
ist ein Verhältniß wie das von Natur zur Cultur.

Goethe liegt es immer mehr am Herzen die
Sünder zu retten, als sie zu strafen. Ihre Rettung
im Auge, verabsäumt er leicht die Aufführung der
Entlastungszeugnisse, der Gründe, die die Schuld ent=
schuldbar erscheinen lassen. Man muß errathen, wie
Gretchens Mutter durch Mephistopheles' Tücke ge=
storben, wie Gretchen im Wahnsinn zur Kindes=
mörderin geworden ist; ihre selbstvergessene Reinheit
muß uns errathen lassen, daß sie trotz ihrer thatsäch=
lichen Schuld doch schuldlos ist.

Im zweiten Theil ist es dasselbe mit Faust.
Seine Schuld tritt hier nicht mehr so gewichtig her=
vor. Sie ist mit dem ersten Theil abgeschlossen, durch
gute Geister in Vergessenheit getaucht, mindestens in
der Erinnerung Fausts. Aber haben wir im ersten
Theil die Entlastungszeugnisse, die Entschuldigungs=
gründe zu Gretchens Gunsten zu errathen; im
zweiten Theil, wo der Held am Schluß gradaus zum
Himmel aufsteigt, das Drama mit seiner Apotheose
schließt, verabsäumt der Dichter wieder in seinem
hohen Sinne die ausdrückliche Hervorhebung seiner
Verdienste. Wir müssen sie fühlen. Den Dichter er=
füllt die Göttlichkeit einer „Entelechie", einer hoch=
sinnigen Natur gleich der Fausts. Diese Natur ist

dargestellt im Kampf. Der lauernde Mephistopheles hat ihr Stricke gelegt und sucht sie bis zuletzt zu Fall zu bringen. „Könnt' ich Magie von meinem Pfad entfernen!" seufzt der hundertjährige Held noch, nahe dem Schlusse seines Lebens 2, 6791. — Das lebensvolle, menschlich ergreifende und erhebende Bild, das Faust im 5. Act darbietet, ist der Gewinn, den wir mit uns nehmen. Es baut sich auf aus dem Vorausgegangenen. Es irrt der Mensch so lang er lebt! Dies Wort des Herrn im Prolog im Himmel bewahrheitet sich bis zuletzt; aber mit Fausts Himmelfahrt wird auch das Wort ausgesprochen, das ihn verherrlicht und sein Verdienst namhaft macht: „Wer immer strebend sich bemüht, Den können wir erlösen. Und hat an ihm die Liebe gar von oben Theil genommen, Begegnet ihm die selge Schaar Mit herzlichem Willkommen." — Die Aufgabe der Darstellung ist die: den Gegensatz zwischen Faust und Mephistopheles kräftig hervorzuheben und den Faden nicht aus dem Auge zu verlieren, der die Handlung bildet; erstens, das unbesiegliche, ausdauernde, hohe Streben Fausts, durch das er unerreichbar bleibt für Mephistopheles; zweitens, die Schlingen, die ihm dieser legt, sein fortdauernd lauerndes Verhalten.

Entsprechend dem Prolog im Himmel machte die erste Scene des zweiten Theils einen ebenso erhebenden Eindruck. Die guten Geister umschweben den auf blumigen Rasen hingesunkenen Faust:
Ob er heilig, ob er böse —
Jammert sie der Unglücksmann.

Der Gedankengang des zweiten Theils.

Sie reinigen sein Inneres von erlebtem Graus! Baden ihn in Thau aus Lethes Fluth! Damit er vergesse, genese und dem Leben wieder gewonnen werde. Er erhebt sich und fühlt sein Inneres erhoben Zum höchsten Dasein immer fort zu streben. Er betrachtet den aufdämmernden Morgen in der großen Natur. Die Sonne geht auf, sie blendet ihn und er wendet sich um. Da erblickt er einen Regenbogen im Wasserfall, der von der Sonne glänzt und er spricht das bedeutende Wort: Am farbigen Abglanz haben wir das Leben. Der Anblick der aufgehnden Sonne ist für unser Auge zu stark, sowie alles Göttliche: nur ihren Wiederglanz genießen wir im Leben. Unser Leben bietet uns den farbigen Abglanz des Göttlichen:

Alles Vergängliche

Ist nur ein Gleichniß; eine Abspiegelung.

Diesen Gedanken, in den der ganze Faust ausklingt, schlägt hier schon die erste Scene an.

Gleich die zweite Scene zeigt Mephistopheles in voller Thätigkeit. Er tritt beim Kaiser als Hofnarr in Dienst. Die Kirche und das Heer sind die Stützen des Staates. Es wird schlecht gewirthschaftet, leichtsinnig gelebt. Die Staatsmaschine stockt, der Staat ist aufs Aeußerste verschuldet. Mephistopheles erfindet Papiergeld; scheinbar ist geholfen. Es wird aber in alter Weise fortgelebt und, obwohl Faust bei dem Kaiser mit Mephistopheles' Hilfe sich bestens empfiehlt, ist an diesem Hofe für ihn kein Heil. Der Kaiser verlangt eine Geistererscheinung. Er will

Paris und Helena sehn. Sogleich tritt hier nun der Gegensatz hervor zwischen Faust und Mephistopheles. Letzterem ist die griechische Idealwelt ein Gräuel. Er kann Faust sagen, wo er sie finden wird, mag aber selbst nicht dahin gehn. Widerwillig gibt er ihm den Weg an. Mephistopheles' geistige Welt ist beschränkt auf das, was der Verstand wahrnehmen kann; Vernunftbegriffe, Ideen hat er nicht, Ideale sind für ihn leer, ein Nichts. Er sendet Faust ins Ewigleere, das er schauerlich schildert. Faust erhebt sich aber riesengroß gegenüber dem Geiste der Verneinung und spricht 2, 1643 f.:

Nur immer zu, wir wollen es ergründen;
In deinem Nichts hoff' ich das All zu finden!

Dieser Moment muß viel bedeutsamer hervorgehoben werden, als es bei der Aufführung geschehn ist. Er zeigt uns wieder Faust von einem Höheren getragen. Hat ihn im ersten Theile seine edle Natur durch die Liebe zu Gretchen vor dem Untergange bewahrt; jetzt ist es der Geist, der die Idealwelt der griechischen Cultur ahnt, die Liebe zu Helena, die ihn retten muß. Wir empfinden, Mephistopheles ist durch diese Auffassung Fausts vorderhand wieder geschlagen. Was kann Faust an dem öden Hofleben, in einem Staate, wo alles Leben gelähmt ist, anziehn? Er erblickt Helena und wird durch ihren Anblick paralysirt, d. h. die Wirklichkeit versinkt vor seinen Blicken; er träumt von Griechenland, wie das politisch gelähmte Deutschland im griechischen Alterthum sich verlor, um sich an ihm, verjüngt, zu erheben. —

Fesselnd spielen sich die nächsten Scenen ab. Mephistopheles in Fausts Studirzimmer, dann mit dem Baccalaureus und mit Wagner. Wie wir die Darstellung des Homunculus anders wünschten, ist schon oben S. 21 f. dargelegt.

Große Schwierigkeiten macht die classische Walpurgisnacht. Homunculus hatte, als er Faust schlafend erblickte (dabei ist zu wünschen, daß der Zuschauer den schlafenden Faust sieht, ein Strahl aus der leuchtenden Flasche beleuchtet ihn), gesagt 2, 2328 ff.:

Jetzt eben, wie ich schnell bedacht,
Ist classische Walpurgisnacht;
Das Beste, was begegnen könnte:
Bringt ihn zu seinem Elemente!

Vorher schon hatte er bemerkt 2, 2319: wenn Faust in dieser Umgebung erwacht, so bleibt er auf der Stelle todt; sein Geist weilt in Griechenland! Man wird die Schönheit alles dessen, was Homunculus spricht, erkennen, andächtig lauschen wird man jedem seiner Worte, wenn sie mit schöner deutlicher Mädchenstimme gesprochen werden. Wie wir es hörten, verstand man nicht recht und mochte gar nicht hinhören, ja war froh, als das Gequieke (s. oben S. 21) aufhörte! — Die Worte des Homunculus bereiten vor auf die classische Walpurgisnacht. Es war ein großer Nachtheil, daß sie verloren gingen! —

Die erste Scene dieser Walpurgisnacht ist nun vom Dichter vortrefflich und wirksam für die Bühne eingerichtet. Wenn der Zuschauer keinen Commentar brauchen soll, so darf diese Einleitung nicht wegbleiben. Sie gibt auch eine Schilderung der Scenerie, nach der man sich strenge halten müßte. Erichtho, die Hexe, die dem Sohne des Pompejus vor der Schlacht auf den pharsalischen Feldern geweissagt hatte, tritt auf in dunkler Nacht und schildert das Schlachtfeld, auf dem diese Nacht das Schauderfest stattfinden soll, das jährlich die Erinnerung jener Schlacht erneuert 2, 2410:

Hier träumte Magnus früher Größe Blüthentag;
Dem schwanken Zünglein lauschend wachte Cäsar dort!
Das wird sich messen. Weiß die Welt doch, wems gelang! —
Wachfeuer glühen, rothe Flammen spendende;
Der Boden haucht vergoßnen Blutes Wiederschein
Und, angelockt von seltnem Wunderglanz der Nacht,
Versammelt sich hellenischer Sage Legion. — —
Der Mond, zwar unvollkommen, aber leuchtend hell,
Erhebt sich, milden Glanz verbreitend überall.
Der Zelte Trug verschwindet, Feuer brennen blau.

Was die Erichtho hier spricht, gibt ein malerisches und darstellbares Bild, sowohl ihre Worte, als dieses Bild würden das Publikum anziehen und über die Scenerie orientiren. — Auch die letzten sechs Verse der Erichtho möchten wir hören und, was sie schildern, sehn 2, 2422 f.:

Doch über mir! welch unerwartet Meteor?
Es leuchtet und beleuchtet körperlichen Ball!
Ich wittre Leben! Da geziemen will mirs nicht,
Lebendigem zu nahen, dem ich schädlich bin;
Das bringt mir bösen Ruf und frommt mir nicht.
Schon sinkt es nieder. — Weich ich aus mit Wohl=
bedacht!
Entfernt sich.

Da erblickt man denn in den Wolken schwebend Mephistopheles, der den schlafenden Faust mit sich führt, indem Homunculus voranleuchtet. Homuncu= lus, d. h. die leuchtende Flasche, kann, bevor er zu sprechen hat, der hinter einem Felsgipfel verborge= nen Person, die seine Rolle zu sprechen hat, von Mephistopheles übergeben werden.

Von der Felsenspitze herab spräche dann Ho = munculus 2, 2436 ff.:

Sieh! da schreitet eine Lange
Weiten Schrittes vor uns hin.
Mephist.: Ist es doch, als wär' ihr bange;
Sah uns durch die Lüfte ziehn.
Hom.: Laß sie schreiten! setz' ihn nieder
Deinen Ritter und sogleich
**Kehret ihm das Leben wieder,
Denn er suchts im Fabelreich!**

Wie vortrefflich ist hier der große Augenblick vorbereitet, wo Faust, den Boden Griechenlands berührend, das Bewußtsein wieder erlangt und die Augen aufschlägt mit der Frage: „Wo ist sie?" —

Alles das aber wurde bei der Wiener Aufführung — getilgt! Fauſt berührte oben hinter einem Felſen den griechiſchen Boden und rief von dort herab: „Wo iſt ſie?" was ganz wirkungslos blieb, ſo wie die ganze Walpurgisnacht unverſtanden vorüberging! —

Worauf nun Alles hier ankommt, das iſt ferner, daß von Fauſt und Chiron zur Darſtellung zu bringen iſt ſoviel als möglich! Das Geſpräch beider iſt lebendige Poeſie und nun muß „im Mondenſchein der enge Tempel" deutlich zu ſehen ſein, in deſſen Mitte, durchs offene Thor ſichtbar, die Manto ſitzt. All das Bedeutende war zu undeutlich dargeſtellt. Sie ſpricht träumend:

Von Pferdeshufe
Erklingt die heilige Stufe;
Halbgötter treten heran.

Chiron ſprengt heran, auf ſeinem Rücken Fauſt. Er ſpricht:

Helenen mit verrückten Sinnen,
Helenen will er ſich gewinnen.

Die Manto aber ſpricht begeiſterungsvoll:
Den lieb ich, der Unmögliches begehrt!
Sie weiſt Fauſt zum Eingang in die Unterwelt und führt ihn dahin ab.

Wenn dieſe Bilder nicht deutlich herausgearbeitet werden, ſo iſt die klaſſiſche Walpurgisnacht ein leeres Schauſtück. Es muß freilich ſehr viel gekürzt werden: die Hauptmomente müſſen aber deutlich werden und das gesprochene Wort in den Hauptpartien muß zur Geltung kommen! — Die Andeutung von der Zukunft des Homunculus und die Scene Mephistopheles' mit den Phorkyaden können bleiben wie sie gegeben wurden, nur wünscht man sich die Phorkyaden in ihrer Erscheinung strenger griechisch stilisirt.

Der dritte Act ist so voll Glanz, daß er in der That zum Höhepunkt des Ganzen wurde, wie dies Schiller von diesem Act erwartete. — Die Darstellerin Wolter als Helena spielt hier hinreißend durch Schönheit und Anmuth in der Darstellung. Bemerken möchte ich, daß sie als Helena, die immer und überall durch den Zauber der Schönheit wirkt, gleich zu Anfang im ersten Monolog, nicht in dem Tone der tragischen Heldin, sondern auch hier schon in dem Tone, der das Bewußtsein ihrer Schönheit und ihres Liebreizes verräth, auftreten sollte, wie sie ihn dann hören läßt. Dadurch soll sich Helena unterscheiden von gewöhnlichen tragischen Frauengestalten. Ihr Schicksal, ihr Glück und Unglück, ihre Schuld und Unschuld ist ihre Schönheit, ihr Liebreiz, und das sollen wir fühlen: s o g l e i c h bei ihrem ersten Erscheinen.

Der Schluß des dritten Acts muß deutlicher markirt werden, als dies geschehen ist. Es heißt: „Sie umarmt Faust; das Körperliche verschwindet, K l e i d u n d S c h l e i e r b l e i b e n i h m i n d e n A r m e n." Diese bedeutsame Bemerkung durfte bei der Darstellung nicht übersehen werden. Sie wird durch die Worte der Phorkyas 2, 5333—5342 bedeut=

kam und nun ist vorgeschrieben: „Helenens Gewande
lösen sich in Wolken auf, umgeben Faust, heben ihn
in die Höhe und ziehen mit ihm vorüber." Diese
bedeutsamen Anordnungen dürfen nicht übergangen
werden. So wünschten wir vom zweiten Theile
denn deutlich hervorgehoben, wie Homunculus er=
kennt, daß Faust in Deutschland nicht gedeihen, erst
in Griechenland zum Bewußtsein wieder erwachen
kann; die Bedeutung der klassischen Walpurgisnacht
muß durch den Monolog der Erichtho deutlich aus=
gesprochen werden; man muß sehn, wie Faust, ent=
sprechend der Voraussagung des Homunculus, bei der
Berührung des griechischen Bodens lebendig wird;
man muß sein begeistertes Suchen nach Helena, sein
Verschwinden mit der Manto deutlich gesehn haben.

Nun aber wird uns zugemuthet, im dritten Act
Helena zu sehn, wie sie von Troja zurückkehrt, zu
Faust flieht. Faust ist ein Fürst, vermählt sich mit
ihr; sie gebiert ihm einen Sohn. Der Sohn und sie
verschwinden. Was soll sich der Zuschauer zu alle
dem denken? Er kann sich eben gar nichts denken,
wenn die Erläuterungen, die der Dichter selbst gibt,
wegbleiben. Die Vermählung mit Helena war ja
ein Zauberspiel, für Fausts Erinnerung ein Traum.
Ihr Kleid bleibt in seiner Hand, er betrachtet es, es
wird zur Wolke, erhebt ihn und trägt ihn fort. Auch
die weitere Rede der Phorkyas 2, 5343—5349 ist
bedeutsam, sowie die Bemerkung: „Sie setzt sich im
Proscenium an eine Säule nieder." Indeß erfahren
wir 2, 5351, daß durch die Zauberei der Manto

Mephistopheles als Phorkyas.

Helena mit Gefolge aus der Unterwelt heraufgezwungen sei. Das Gefolge löst sich nach Helenas Verschwinden in die Elemente auf. Wenn dies auch nicht zur Darstellung kommt, so durfte doch die scenarische Schlußbemerkung nicht übersehn werden: „Phorkyas im Proscenium richtet sich riesenhaft auf, tritt aber von den Kothurnen herunter, lehnt Maske und Schleier zurück und zeigt sich — als Mephistopheles." Damit sagt Mephistopheles dem Zuschauer bedeutsam: Ich bin auch da! Es wäre nicht übel, ihn auf Siebenmeilenstiefeln in der Richtung forteilen zu sehn, in der Faust verschwunden.

Es wird zweckmäßig sein, wenn die Schaffnerin, in der sich Mephistopheles als Phorkyas verbirgt, nicht zu deutlich als Mephistopheles erkennbar ist. Der Zuschauer mag darauf vergessen oder darüber in Zweifel sein. — Die Kostümirung der Schaffnerin sollte streng antik stilisirt sein und zu der Kleidung des Chores stimmen, wenn die Phorkyas auch natürlich als alte, häßliche Griechin von den schönen, jungen Trojanerinnen, vor allem vor der schönen Königin absticht. — Am Schluß darf sich aber die Darstellung die schöne Wirkung doch nicht entgehn lassen, die die Ausführung der erwähnten scenarischen Bemerkung machen muß, die ich schon in meinem Commentar 2, LXXVI hervorgehoben habe. Daselbst habe ich erinnert, wie im zweiten Act die Entwickelungsgeschichte des Erdballs (Neptunismus) der Entwickelungsgeschichte der Menschheit in der klassischen Walpurgisnacht gegenübergestellt wird

(Homunculus, die Culturperioden der Mythen). Zuletzt die Auflösung des Menschen im Universum Schluß des 3. Acts) und wie endlich darauf der Geist, der stets verneint, auftritt, der sich als Phorkyas riesig erhebt, all dieser endlichen irdischen Herrlichkeit von Entstehn und Vergehn gleichsam Hohn sprechend (vgl. 1, 1020—1031). Genau nach dem Vorbilde der richtigen Tragödie schürzt sich der Knoten und steigert sich die Spannung mit dem dritten Act. — Erscheint das Auftreten des Mephistopheles hier als Hohn gegenüber der ganzen Welt, so geht der Dichter hiermit die Verpflichtung ein, den Knoten so zu lösen, daß er uns wieder aufrichtet, um uns mit einem erhebenden Gefühle am Schluß zu entlassen. Wir werden sehen, wie herrlich ihm dies gelingt.

Der vierte Act beginnt höchst bedeutend. Man sieht Faust in der Wolke kommen, in der er Griechenland verlassen und seine Rede gewährt uns Einblick in seinen Geist. Er möchte schaffen, wirken: **Die That ist Alles, Nichts der Ruhm!** — Sein Gespräch mit Mephisto bis Vers 2,5621 (bei Loeper 4. Act, Vers 195) exponirt vortrefflich die nächste Handlung.

Daß Wilbrandt nach Devrients Vorgang Vers 2,5449 für Aurorens Liebe: **Gretchens Liebe** sprechen läßt, ist nur zu billigen. Die Darstellung der Schlacht und allen Hokuspokus dabei sehn wir gerne auf ein Minimum reducirt. Genug, wenn wir wissen, Faust will belehnt sein mit der Meeresküste. Er hat zum Siege des Kaisers beigetragen

Die Belehnung Fausts.

und wird dafür belohnt. — Es wäre nicht unpassend, wenn, etwa nach Vers 2, 6361, die handschriftlich erhaltene, im Text fehlende Belehnungsscene eingelegt würde.*) Es sind nur eilf Verse. Faust kniet nieder und der Kaiser gibt ihm den Ritterschlag, womit die Belehnung angedeutet ist. Nun erst tritt der Erzbischof hervor und erhebt Ansprüche im Interesse der Kirche. Er möchte selbst das noch unbebaute Land Fausts im Voraus der Kirche zinspflichtig machen. Es bleibt der Eindruck von dem Druck der Privilegien, die auf allen Staaten lasten, im Gegensatz zu einer neuen Schöpfung, die Faust im Sinne hat.

Der vierte Act wurde stark gekürzt. Es wäre wenig einzuwenden, wenn er ganz auf die bedeutsamen Scenen am Eingang und am Schluß beschränkt würde. Wir sind hier der phantastischen Zauberbilder schon übersatt und mögen besonders nach der Walpurgisnacht und nach dem schönen 3. Act nichts mehr dergleichen sehn, besonders, wenn es an geistigem Gehalt und Bedeutung den früheren Bildern nicht gleichkommt.

Wir stehn vor dem 5. Act. — Habe ich mir zum ersten Theil (I, XLVIII f.) das Wort erlaubt: die Gestalt Fausts sei vor dem Geiste Goethes nie gegenständlich geworden; er habe unter Fausts Namen seine eigenen Empfindungen ausgeströmt, ohne

---

*) Zuerst erschien sie gedruckt bei Loeper, Faust, 2. Ausg. 2, 270, dann in meiner Ausgabe mit 2 kleinen Correcturen, die ich Loeper verdanke, 2, LXXXII.

damit sich selbst darstellen zu wollen: im 2. Theil bekommt Faust wohl individuelle Gestalt. Sie wird vor unsern Augen immer deutlicher von Act zu Act. Alles was sie erlebt, lesen wir in ihren Zügen und da uns im 5. Act der alte Freund, Faust, als hundertjähriger Greis entgegentritt, so fühlen wir uns doch bei seinem Erscheinen so innig menschlich erregt, so theilnahmsvoll zu ihm hingezogen, daß man nicht mehr sagen kann, seine Gestalt sei nicht gegenständlich ausgestaltet. Manchmal wissen wir freilich nicht: ist es Faust oder ist es Goethe selbst, der vor uns steht, immer strebend bis an den Tod! —

In fünf Handlungen oder Bilder zerfällt der fünfte Act: 1. Fausts Schöpfung (1. und 2. Scene); 2. Mephistopheles' letzte Einmischungen (3. Scene); 3. Fausts Tod (4. Scene bis 7062); 4. Kampf der Geister um Fausts Seele (Schluß der 4. Scene); 5. Fausts Himmelfahrt.

Der fünfte Act hat etwas so allgemein Menschliches und steht doch auf einer Höhe, die alles Vorausgegangene zur Voraussetzung hat: ein reiches Leben voll Freuden, Leiden und Verirrungen, jedoch geadelt durch den Drang eines unerschütterlich dem Idealen zugewandten Geistes.

Diese Idealität zu erkennen und zu empfinden ist nicht Jedermann gegeben und hierin liegt die Hauptschwierigkeit des Verständnisses. Die Idealität eines Strebens liegt in der Hingabe, die vom Geiste ausgeht und von Selbstsucht frei ist und frei macht.

Denken wir doch einmal Fichtes. Nur einige

Gedanken aus seinen Reden an die deutsche Nation. Der Mensch kann nur wollen, was er liebt. Es handelt sich darum, die Liebe zu dem zu wecken, was er wollen soll. Die bisherige Staatskunst und Erziehung bauten auf Selbstsucht. Sie setzten voraus, daß Jeder sein sinnliches Wohlsein über Alles liebe und leiteten mit Furcht und Hoffnung, Lohn und Strafe. Darin aber besteht die Schlechtigkeit, daß man nur sein sinnliches Wohlsein liebe und nur durch Furcht und Hoffnung bewegt werde. Wir müssen an die Stelle der Selbstsucht die Liebe zu dem, was sein soll, in die Gemüther pflanzen, die Liebe zum Guten aus Wohlgefallen daran, nicht wegen seiner Nützlichkeit für uns. Dieses Wohlgefallen muß ein so inniges sein, daß wir seine Verwirklichung überall anzustreben und zu fördern uns gedrungen fühlen.

Das sind Anschauungen aus dem Brunnquell der Geister unserer klassischen Periode, sie ergänzen Schillers Ideen über die ästhetische Erziehung des Menschen. Sie erinnern an Goethes Definition des Begriffes von Gott im Faust I, 3079 f. Wer darf ihn nennen? rc. Nenn's Glück! Herz! Liebe! Gott! Ich habe keinen Namen dafür! — Ferner in der Elegie, wo anschaulich wird, wie die höchste Erhebung, die Wahrnehmung Gottes, des ewig Ungenannten, der Friede Gottes, der mehr als Vernunft beseligt, ihm in der Liebe zu Theil wird: Wir heißens fromm sein! Solcher sel'gen Höhe fühl' ich mich theilhaft, wenn ich vor ihr stehe. Da schmilzt die

Selbstsucht, kein Eigennutz, kein Eigenwille dauert, vor ihrem Kommen sind sie weggeschauert. Wie dieses Frommsein zur allgemeinen Menschenliebe, zur Liebe zur Natur, zu den höchsten Zwecken des Alls sich erweitert, — es reget sich die Menschenliebe, die Liebe Gottes — wie die Liebe alle Gegenstände mit dem Glanze der Kolibrihälschen scheinen macht (an die Stein, 4. August 1781), kann hier nicht weiter verfolgt werden. Es ist nur Eins zu erinnern. Im ersten Theil ist Fausts Liebe zu Gretchen dargestellt in ihrer Verdüsterung und in ihrer idealen Hoheit. Mephistopheles hat in der Hexenküche Fausts Sinne aufgeregt und Faust scheint selbstsüchtigem Sinnenrausch zu erliegen, wie wir aus seinen Aeußerungen nach dem ersten Anblick Gretchens sehn. Da führt ihn Mephistopheles in Gretchens Zimmer und der ideale Faust erhebt sich, wir sehn jenes Frommsein in seiner Seele auftauchen, das ihn am Ende rettet. Wenn es Mephistopheles auch gelingt, alles folgende Unheil herbeizuführen, er kann ihn nicht fesseln auf der Walpurgisnacht, nicht zerstreuen; Faust zwingt ihn, zur Rettung Gretchens das Aeußerste zu wagen. Wenn der erste Theil auch mit Gretchens Untergang schließt, von Faust haben wir den Eindruck, daß die Liebe in ihm nicht erstickt ist. Er ist damit der Macht des Bösen entzogen. Er vermag ihn nicht mit Genuß zu betrügen, nicht seine Straße zu führen. Er muß neue Schlingen legen und führt ihn ein am Kaiserhofe. Wieder erblickt Faust ein Ideal, darüber er sich selbst vergißt, durch das er dem Einfluß des Mephistopheles entzogen und geläutert wird. Ideales zu verwirklichen ist nun sein einzig Streben: „die That ist Alles, Nichts der Ruhm (2, 5576)!" Mit diesem hohen Worte steht er denn auf der höchsten Höhe der Gesinnung, die ein Mensch erreichen kann. Seine Vollendung wird nun im 5. Act auf das Herrlichste ausgeführt. Wir sehen seine Schöpfung vor uns, das bebaute, dem Meere abgerungene, gesegnete Land. Die Scenen mit dem Wanderer und Philemon und Baucis, die uns die Entstehungs= geschichte dieser Schöpfung vor Augen stellen, machen einen wunderbaren Eindruck. Sie bereiten vor auf die Erscheinung Fausts, den wir gleich in der zweiten Scene, hundertjährig, mitten in seiner Schöpfung er= blicken. Noch immer steht Mephistopheles an seiner Seite und sogleich sehn wir ihn auch eine Schandthat vollführen, indem er einen Befehl Fausts miß= braucht; es ist seine letzte Einmischung in Fausts Handeln, denn Faust steht an der Grenze seines Lebens. — Die Scene mit Faust und den gespensti= schen vier grauen Weibern, — dem Mangel, der Schuld, der Sorge, der Noth — wirkt großartig. Fausts Worte nach ihrem Verschwinden, die auf seinen Tod hindeuten, und dann die Klage: Noch hab' ich mich ins Freie nicht gekämpft, fallen uns schwer aufs Herz. Wir fühlen, daß er nahe dem Tode ist und sich noch immer von Mephistopheles umstrickt fühlt. Es ist Nacht, das Gespenst der Sorge tritt an ihn heran. Etwas

Erhabenes hat seine Mäßigung, da er auffahren will und an sich hält: **Nimm dich in Acht und sprich kein Zauberwort.** Sonnenthal als Faust erreicht in dieser Scene eine Erhabenheit, wie man dergleichen selten zu sehn bekommt. Auch malerisch erscheint das Bild des Greises. Nur zu Anfang der Scene störte es etwas, daß die Sorge hinter ihm stand, so daß er sich nach ihr umwenden mußte, um zu ihr zu sprechen. Es machte sich viel besser, als sie ihm dann gegenüber stand. Sie haucht ihn an, der Greis erblindet, er fühlt die **Nacht tiefer tief** hereindringen, wie Goethe im Sterben, als er nach Licht rief. — **Allein im Innern leuchtet helles Licht!** Er ruft die Knechte auf, um das begonnene letzte Werk zu vollenden. — Recht schal sind die Witze, die man hier vorgebracht hat gegen die Dichtung, als ob das Ergebniß des Strebens Fausts in diese geringe Ingenieurarbeit auslaufe! Man fühlt aber diese Schalheit erst so recht, wenn die Dichtung so herrlich, wie wir sie hier gesehn, uns sichtbar vor Augen tritt! Die Handlung ist so ein= fach und doch so fesselnd und erhebend. Fesselnd durch das Allgemeinmenschliche, erhebend durch die Größe des Gegenstandes. — Erschütternd und mit Hochgefühl erfüllend ist der Tod Fausts, der im Hinblick auf sein Werk, das der Vollendung nahe ist und das Glück von Millionen gründen soll, zurück= sinkt und stirbt.[1]

Der Tod des Gewaltigen läßt eine unausfüll= bare Leere zurück. Es kann ein solches Dasein nicht plötzlich enden, es muß nachwirkend fort zittern in den Geistern im Himmel und auf Erden. Dies darzustellen ist die Aufgabe des Dichters, wenn auch nur in Bildern. Diese müssen aber die Summe seines Lebens und Strebens zusammenfassen und in unserem Geist lebendig machen, was in der That gelingt: wir nehmen sie als einen wahren Seelenschatz mit uns! —

Bei der ersten Mahnung, daß es mit Faust zu Ende gehe, klingt die Dichtung an allgemein menschliche Empfindungen an mit dem Liede der Lemuren, das sie, Fausts Grab grabend, mit schauerlichem Humor singen. Eine Conception von bewundernswerther Genialität und Tiefe. Sie bereitet vor das zweite Lemurenlied mit Solo und Chor, das nach Fausts Tode gesungen wird. Indem Mephistopheles noch übers Grab hinaus gegen Faust polemisirt: **Was soll das ew'ge Schaffen? Ich liebte mir das Ewigleere!** (vgl. S. 36) trifft der Gesang der Lemuren, Angesichts des hohen Todten, wieder zunächst die menschlichsten Gefühle bei Anblick des Todes, indem sie in echt volksthümlich populärer Form von der Enge und Leerheit des Grabes singen und der Hinfälligkeit alles irdischen Besitzes. Schon oben sprach ich mein Bedauern aus, daß diese Gesänge weggeblieben sind, indem die Lemuren ohne dieselben unerträglich sind und lieber ganz wegbleiben sollten. Statt des Wegfalls würden wir natürlich vorziehen, daß sie ihre Lieder sängen, denn diese bilden den Hintergrund zu dem Folgenden. Sie sprechen aus, was bei dem Tode jedes Menschen gilt. Damit ist aber die Summe dieses reichen Lebens nicht gezogen. Sie kann nur in einer Reihe von Bildern anschaulich werden. Es erhebt sich erst an seinem Grabe der Kampf der guten und der bösen Geister um seine Seele. Erst am Grabe tritt die Form einer geistigen Persönlichkeit deutlich hervor. Die Bösen wollen sie an sich reißen, aber die guten Geister der Liebe schlagen sie zurück und heben Faufts Unsterbliches zu ihrer Königin empor. Treffend ist, was der Dichter vom Schluß einst zu Eckermann sagte: „Uebrigens werden Sie zugeben, daß der Schluß sehr schwer zu machen war und daß ich bei so übersinnlichen — Dingen mich sehr leicht im Vagen hätte verlieren können, wenn ich nicht meinen poetischen Intentionen durch die scharfumrissenen, christlich-kirchlichen Figuren und Vorstellungen eine wohlthätig beschränkende Form und Festigkeit gegeben hätte." — Das ist ganz richtig. Wie es dem Dichter aber gelungen ist, diese Formen zu beleben, das ist ganz außerordentlich. Die Darstellung hat alles Mögliche gethan, um die mit grandiosem Humor gedachte Niederlage des Mephistopheles anschaulich zu machen und das Schlußbild mit Faufts Himmelfahrt ist ganz entzückend. Die Himmelskönigin vermissen wir allerdings, wie schon bemerkt und ihr Anblick hätte den Eindruck des Bildes noch erhöht.

Die Scenerie des Montserrat und die heiligen Anachoreten gebirgauf vertheilt und Einiges von den begeisterten Reden des Pater ecstaticus und namentlich auch des Pater Marianus, die den Gedanken der leidenschaftlichen, selbstlosen Hingabe, sowie der höchsten Begeisterung für die ewige Liebe auf das Erhebendste aussprechen, mögen für künftig noch besonders empfohlen sein.

Aber genug des Nebensächlichen. Das Ergebniß ist ein großer Erfolg. Nicht Bilder für leere Schaulust, nicht ballettartige Eindrücke sind es, die zurückbleiben, sondern Erhebung! Die Größe des Gegenstandes trägt die Bilder und erhebt uns bei einer so herrlichen Darstellung.

Nicht vereinzelt, sondern vielfach wiederholt hörte man in Bezug auf den ersten Theil — als ob man ihn erst jetzt kennen lernte — dieser Dichtung komme doch keine zweite gleich! — In Bezug auf den zweiten Theil muß man sagen, daß Derjenige, der die Aufführung nicht gesehn, von dem Eindrucke keine Vorstellung haben kann. Ich verweise nur auf die im Vorwort Seite VII mitgetheilten Beobachtungen.

Von Hoheit erfüllt geht das Publikum aus einer Darstellung des zweiten Theils, wie kaum bei irgend einer andern Dichtung. — Und da wollen wir noch immer fragen, ob er aufführbar ist? —

Ich denke, die Frage ist entschieden. Der zweite Theil hat sich die Bühne erobert wie vor einem halben Jahrhundert der erste! —

Hinausgehoben fühlte man sich in eine höhere Sphäre, aus allem Erdenleid und allem Kleinmuth. Das ist kein gewöhnlicher Erfolg! Was Goethe von der Dichtung fordert: das Aufregend=Tüchtige, das

Menschengeschick Bezwingende haben wir gefühlt. Wir haben ferner gefühlt, daß die schönen Verse von der Bühne herab doch noch schöner klingen, als beim stillen Lesen; daß Goethes Lebensträume in der Darstellung doch noch herrlicher sind, als man sichs im Lesen denken kann!

Das Ganze wird bei wiederholten Aufführungen dem Publikum natürlich immer deutlicher werden und die großen Eindrücke der Hauptpartien werden das Verständniß des Ganzen allmählich nach sich ziehen zum großen Gewinn für unsere Zeit, die der Erhebung zu idealen Höhen gar sehr bedarf! —

Möge sich das Wunder weiter vollziehen und der Dichter mit einem Werke, das ein halb Jahrhundert nach seinem Tode erst in weiteren Kreisen erkannt wird, sein Volk erheben.

Der dritte Abend dauerte von 7 bis $11^{3}/_{4}$ vor Mitternacht und das Publikum fühlte sich nicht ermüdet und verließ das Theater in gehobenster Stimmung.

Daraufhin wäre es vielleicht immerhin zu wagen, den ersten Theil an Einem Abend zu geben. Wenn die Zueignung und das Vorspiel wegbleiben, an den Scenen vor dem Thor und in der Hexenküche noch etwas gekürzt wird, so wäre es möglich und das Publikum würde mit demselben Antheil bis zuletzt folgen, wie es dem zweiten Theil gefolgt ist.

Anmerkungen.

1) Wie die Bilder in des Dichters Geist entstehn, davon habe ich in meinem Commentar manches Beispiel angeführt (2, Seite XX, XXII, XLVI), zum Beweise, daß er von Bildern ausgeht nicht von Ideen, wodurch dann seine Dichtung so anschaulich und darstellbar wird, daß sie durch darstellende Versinnlichung eigentlich erst erkannt werden kann. Sei es gestattet, hier ein neues Beispiel beizubringen, nämlich zur Entstehung des Bildes vom Kampf der guten und bösen Geister um die Seele Fausts, womit ich meine Erklärung zu 2, 7001. 7002 ergänzen möchte. Ich habe in der Einleitung (2, S. XVIII—XXIV) nachgewiesen, daß ein Entwurf des 2. Theils — wenn auch nicht als 2. Theil, sondern nur als weiterer Verlauf der Handlung nach Gretchens Tod — schon 1775 vorhanden war und daß auch auf die Gestaltung dieses Theils Goethes Jugendanschauungen, so auch z. B. seine damalige Lectüre des Hans Sachs einwirkten. Auch der Streit der guten und bösen Geister nach Fausts Tode um seine Seele stand schon frühzeitig vor der Dichters Geist. — Ganz überraschend und mit der Ausführung im 2. Theil (5. Act) übereinstimmend, sehn wir in einem Briefe Goethes (21. Juni 1781) an den Maler Friedr. Müller das Bild vor seiner Einbildungskraft lebendig werden. Man kann bei dieser Stelle die Vermuthung kaum abweisen, daß wir hier den Moment verewigt vor Augen sehen, wo vor des Dichters Geiste das Bild entsteht. Aergerlich über ein mißlungenes Bild Fr. Müllers, das den guten und bösen Geist beim Leichnam Mosis darstellt, verwirft er anfangs den ganzen Gegenstand als „alberne Judenfabel, die weder Göttliches noch Menschliches enthält." Indem er darüber weiter nachdenkt, wie der Gegenstand dargestellt werden könnte, steigt vor ihm das herrliche Bild auf, wie es dann in seiner Dichtung ausgeführt wurde und es überrascht uns dabei die Aehnlichkeit des sterbenden Moses mit dem sterbenden Faust.

Er schreibt: „Der Streit beider Geister über den Leichnam Mosis ist eine alberne Judenfabel, die weder Göttliches noch Menschliches enthält. In dem Alten Testament steht, daß Moses, nachdem ihm der Herr das gelobte Land gezeigt, gestorben und von dem Herrn im Verborgenen begraben worden sei; dies ist schön. Wenn ich nun aber, besonders wie Sie es behandelt haben, den kurz vorher durch Gottes Anblick begnadigten Mann, da ihn kaum der Athem des Lebens verlassen und der Abglanz der Herrlichkeit noch auf seiner Stirn zuckt, dem Teufel unter den Füßen sehe, so zürne ich mit dem Engel, der einige Augenblicke früher hätte herbeieilen und den Körper des Mannes Gottes von der scheidenden Seele in Ehren übernehmen sollen. Wenn man doch dieses Sujet behandeln wollte, so konnte es, dünkt mich, nicht anders geschehen, als daß der Heilige, noch voll von dem anmuthigen Gesichte des gelobten Landes, entzückt verscheidet und Engel ihn in einer Glorie wegzuheben beschäftigt sind; denn das Wort: „Der Herr begrub ihn!" läßt uns zu den schönsten Aussichten Raum und hier könnte Satan höchstens nur in einer Ecke des Vorgrundes mit seinen schwarzen Schultern contrastiren und, ohne Hand an den Gesalbten des Herrn zu legen, sich höchstens nur umsehen, ob nicht auch für ihn etwas hier zu erwerben sein möchte."

Man sieht, das Bild steht schon in voller Deutlichkeit vor des Dichters Seele und es ist dasselbe, das wir aus Faust kennen; da nur weiter ausgeführt. Moses scheidet beim Anblick des gelobten Landes entzückt, wie Faust in Hinblick auf Vollendung seines Werkes. In einer „Glorie von oben rechts" (Faust 2, 7065) kommt die himmlische Heerschaar, um Faust hinwegzutragen und da die Engel ihn erheben, sehn wir „Mephistopheles sich umsehend" (Faust 2, 7012) wörtlich so, wie in dem Briefe an Müller den Satan.

2) Inzwischen sind noch zwei Cyclen gefolgt und der Zudrang blieb sich gleich.

3) Natürlich wird man von einer Bühnenleitung nicht verlangen, daß sie gelehrte Forschungen unternehme zur Her-

stellung eines Textes. Es darf aber in einem Falle wie bei Fauſt vielleicht verlangt werden, daß ſie ſich mit dem Bekannteſten, was über dieſen großen Gegenſtand geſchrieben iſt, vertraut mache. Nur in ſoweit, als es eben in den Kreiſen höherer Bildung der Fall iſt. — Bei der Lesart mein Lied kam mir das erſtemal der unerwartete Gedanke: ſollte man die Fauſtcommentare nicht zu Rathe gezogen haben? — Die berühmte Fauſtausgabe von Loepers von 1870, ſowie die neuere desſelben von 1879 haben: mein Leid. Von Loeper weist treffend S. 211 auf den vorausgehenden Vers: Der Schmerz wird neu, es wiederholt die Klage etc. — Meine noch neuere Ausgabe von 1881 ſchließt ſich an und gibt in den Lesarten 2, S. 421, 1, S. 5 noch einige Gründe dafür. — Es kann ja übrigens ſein, daß Wilbrandt noch an Düntzers Ausgabe und Commentar feſthält, der die poſthume Lesart begünſtigt, dachte ich! — Ich wurde aber nun aufmerkſam und mußte denn im Verlaufe der Vorſtellungen mich wiederholt bei dem Wunſche antreffen: daß man ſich mit dem, was über Einzelnes ſchon ausgeſprochen iſt und Licht auf das Ganze wirft, doch noch etwas eingehender ins Einvernehmen geſetzt haben möchte!

4) Der beſte Mephiſtopheles war Laroche. Ich darf hier wohl auf die Erzählung verweiſen, die ich nach Laroches mündlichen Mittheilungen in meiner Fauſtausgabe 1, LXXXIV gegeben habe: wie ſorgfältig Goethe die Rolle Laroche bis ins Einzelne einſtudirte. Hervorzuheben iſt, daß er nicht in Teufelskoſtüm aufzutreten hat, ſondern als edler Junker, in rothem Kleid mit Gold verbrämt, einem ſpaniſchen Mäntelchen, ſchwarz, von Seide, eine Hahnenfeder auf dem Hute und Fauſt ſoll nach der Hexenküche ihm ganz ähnlich gekleidet ſein. Etwa mit dem Unterſchied, daß ſein Kleid nicht roth, ſondern braun iſt. — Die Phraſen über Mephiſtopheles' Doppelnatur als Fürſt der Hölle und als Schalk der nordiſchen Mythe, die man hier gewöhnlich hört, helfen nicht weiter zum Verſtändniß des Mephiſtopheles, der eine Schöpfung

Goethes ist. Beschränktheit auf das Gebiet des Verstandes, niedrige Denkungsart, Unfähigkeit Ideen und Ideale wahrzunehmen, Selbstsucht, Lust am Gemeinen bezeichnen ihn als das Gegentheil Fausts, den Idealismus, Hingebung, Hochsinn, selbstlose Liebe kennzeichnen. Als ein verlebter Kavalier erscheint Mephistopheles mit einem eisigen, lieblosen, stäten Lachen, das ebensowohl Freude am Schlechten, wie Ingrimm und Verhöhnung des Edlen ausdrückt. Sieh über ihn meine Anmerkungen zu 1, 1636. 1656. 2142 ff. 3134 und 2, 1028. 1036. 3415. 6096. 6558. XLIV u. s. f.